天津社会科学院 2011 年度重点研究课题（11YZD-02）

天津社会科学院 2017 年度学术著作出版基金资助项目

天津社会科学院学者文库

性别视角下的
天津文学与当代文化

TIANJIN LITERATURE AND

CHINESE CONTEMPORARY CULTURE:

From the Gender Perspective

李进超◎著

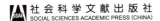

社会科学文献出版社

SOCIAL SCIENCES ACADEMIC PRESS (CHINA)

前　言

　　性别理论与女性主义浪潮有着直接联系，具体表现为，性别理论是在女性主义思潮的产生和发展过程中逐渐形成、完善并丰富起来的。19 世纪中后期，女性主义产生，作为一种思潮和运动，它始终在吸引着人们的关注和投入，直至今日。性别理论从来就不是一种完全纯粹的理论，它总是与社会现实有着亲密的关系，这从性别理论的各种流派就可以看出，如以追求男女平等为旨趣的自由女性主义，致力于推翻父权制的激进女性主义，要求男女同工同酬、认为家内劳动也属于生产方式的马克思主义女性主义，等等。随着女性主义的发展，到了 20 世纪 80 年代，性别理论日渐受到学界的重视，人们越来越习惯于以性别理论作为一种视角、一种方法去分析各种研究对象。

　　本书主要以性别理论为研究视角，以天津有代表性的作家作品，以及当下的文化现象为主要研究对象，借助理论对文学和文化现象进行了不同角度和层面的分析与批评。在分析与批评的过程中，将性别理论与具体的天津文学和当代文化进行了很好的对照，使文学文化现象与性别理论实现了有机的结合。这里，我想特别说明的是"天津文学"的概念。虽然，根据国家学科分类目录来说，是没有"天津文学"的，但是，天津文学的存在与发展是不可否认的事实。因此，我试着如此定义"天津文学"：所谓天津文学，是以天津区域作家、作品与文艺活动等文化现象为研究对象的区域文学学科。

本书以文学作品与文化现象为媒介，将性别理论进行了呈现。对文化研究有很好的借鉴意义。这一特点主要体现在本书的结构安排上。本书从结构上分为上、中、下三篇。上篇是理论部分，主要对女性主义的产生，以及黑人女性主义和后殖民女性主义的理论进行了阐释和解读，之所以选取这两个关键节点，是因为女性主义思潮最初的形成和后殖民女性主义理论与中国女性的处境有颇多相似之处：女性主义思潮伴随着女性主义运动而形成，最初的女性主义运动的目的就在于为女性争取政治和法律的平等，而今天的中国女性在争取平等权利方面虽然已经取得很大进步，但还有争取的空间；后殖民的处境是当下中国文化所面对的一个状况，女性自然也在其中，后殖民女性主义理论会有助于我们理解当下中国文化以及女性处境。中篇和下篇是批评部分。中篇主要从性别理论视角对天津的代表性作家作品进行了分析，这里选取了四位有代表性的作家，分别是：红色经典作家梁斌，改革文学的领军人蒋子龙，女性主义作家赵玫，将地域文学与世界文学话语融合的宋安娜。其实，性别理论研究不是单单关注女性活动，男性视野中的女性和两性关系其实也是对性别理论的呈现。下篇主要从性别理论的视角对当代中国的一些与性别相关的文化现象进行了分析，展现了诸多现象中所包含的性别矛盾。这里选取了如下四种文化现象：张艺谋电影

（1988～2005），从《红高粱》到《千里走单骑》，展现了男权社会中两性之间的对抗关系；王海鸰的电视剧，展现的是婚姻家庭中的女性生存与地位变化；以芙蓉姐姐和小沈阳为代表的"另类女性"，所呈现的是女性在现代社会中的拓展；"伪娘"用身体所表演出的性别身份。

　　本书的缺憾也是明显的，有些章节的结构和内容有失均衡，在对天津文学和当代文化的批评中有些地方还可以做更深入的分析。这些都是有待以后深入研究的地方。当然，本书不是宣告结束，而是标志着一个行进的过程，如同性别理论的开放性一样，我对天津文学与当代文化的研究也始终在路上。

目　录

上篇　女性主义的产生与后殖民女性主义

中篇　性别视角下的天津文学

下篇　性别视角下的当代文化

上篇　女性主义的产生与
　　后殖民女性主义

第一章
女性主义思潮的产生

第一节　第一波女性主义的出现

第一波女性主义，产生于 1860～1920 年，是第一个有明确的、特定的女性主义目的的有组织的运动。其目的在于，争取政治和法律的平等，主要关注的问题有：女性的选举权，女性受教育的权利和就业机会，已婚妇女的合法权利，例如，财产的所有权，提出离婚的权利，对子女的监护权。与之同等重要的是，为性别的双重标准而战，为对男女性行为的不平等态度而战，最典型的例子就是，对待嫖娼的处理，以及极力阻止女性在工作中遭遇的不平等的发生。

然而，我们也可以毫不夸张地说，很多女性主义历史学家和评论家们对上述内容几乎是完全不同意的。如果第一波女性主义是第一个有组织的运动，那么，之前就没有女性主义、没有女性主义者吗？显然，这就要看我们是如何定义女性主义的。只有当我们认为，女性主义者是为了特定目的而参与到一个集体的、有组织的行动中时，才有女性主义。在这个意义上而言，女性主义是从第一波女性主义开始的。做出这一判断，或许意味着，我们早已接受传统父权制的历史观，认为历史只是由"集体行动的体现和社会变革的动力"这些运动所影响的①。我们要质疑的另一个问题是，"运动"的结束时间。多数评论家认为，第一波女性主义结束于英国，以 1928 年成年女性得到选举权为标志。不过，从 1928 年到 1960 年前后的第二波女性主义开始之前，女性意识和行动似乎存在一个间隙。然而，就在这个阶段，也产生了许多重要的女性主义著作。② 这一段表面上的"淡出"其实就是我们对女性主义定义的结果，正如 1860 年代之前女性主义所谓的缺席。同样，我们也需要一些完全不同的概念来定义"第二波女性主义"，以显示后者的唯一性。

如果接受了前面所说的分期，那么，女性主义为什么突然进入了政治呢？这与当时社会的变革不无关系，随着资本主义的兴起和工业化的进步，中产阶级妇女的自由变得有限了，她们被更多地限制在家庭。除了这些变革的影响之外，奥利佛·邦克斯（Olive Banks，1923－2006）也提到了 19 世纪中期西方女性主义思想的其他重要来源，如福音派基督教、启蒙哲学和社会主义③。福音派运动，因其对个人归信体验的强调和对道德规范的重视，深深影响了

---

① Elizabeth Sarah ed. , *Reassessment of "First Wave" Feminism*, Oxford：Pergamon Press, 1982, p. 520.

② Olive Banks, *Faces of Feminism：A Study of Feminism as a Social Movement*, Oxford：Martin Robertson, 1981. 此书的第三部分"间歇期"（The Intermisson）论及这一阶段，然而，此书作者却建议说，将这一阶段的女性主义分为它的"组成部分"（p. 150），这样它就只是"整体中一个看似的间歇"（p. 154）。在美国的女性主义研究中，关于这一阶段，可以参见 Lelia J. Rupp, Verta Taylor, *Survival in the Doldrums：The American Women's Right Movement, 1945－1960s*, New York：Oxford University Press, 1987。

③ Olive Banks, *Faces of Feminism：A Study of Feminism as a Social Movement*, Oxford：Martin Robertson, 1981, pp. 7－8.

18 世纪晚期到 19 世纪早期。它并不阻止妇女参与宗教事务，她们还参与禁酒运动和反奴隶制运动，随着妇女在这些运动中的不断参与，她们越发清楚自己在社会中的位置。启蒙哲学强调理性，主张人与人之间享有平等的权利。玛丽·沃尔斯通克拉夫特（Mary Wollstonecraft，1759 – 1797）在《女权辩》（1792）中提出，女性不应被排除于不同阶级男人所共享的平等权利之外，例如理性和人权。社会主义的传统，开始于法国的圣西蒙运动，以英国的罗伯特·欧文的思想为代表，主张天下大同，减少对两性关系的限制。这些对传统家庭和孩子抚养等问题的批判与攻击，的确影响了早期一些女性主义者。

如果来讨论第一波女性主义出现的原因，那么我们会发现，女性参与运动的目的和目标是多种多样的。个体的女性总是喜欢通过参与各种运动来表达她的女性主义主张，由此可定义她是哪种女性主义者。英国为废除《传染病法》的斗争是这种多样性的一个很好例证，而且这一运动与选举权运动之间的关系也是耐人寻味的。为了控制嫖娼，《传染病法》规定，对于那些被认为可能是娼妓的妇女，都要强制进行性传播疾病的检查和治疗。如果一个女人认为，关于贞操和纯洁的标准也要用于男人，那么她会去支持废除《传染病法》。有女性主义者认为，为女性争取选举权才是更重要的事情，这强调的是平等的宪法权利，而废除《传染病法》的斗争却分散了我们应有的注意力。[1] 时间流逝，第一波女性主义的目标也在发生着改变，然而其中最具主导性的想法还是集中于选举权

---

[1]　See Barbara Caine, "Feminism, Suffrage and the Nineteenth-Century English Women's Movement", Elizabeth Sarah ed., *Reassessment of "First Wave" Feminism*, Oxford：Pergamon Press, 1982, pp. 537 – 550.

的问题上。

伊丽莎白·莎拉（Elizabeth Sarah，1955 - ）评论说，第一波女性主义就是"预设了一个特定的政治和经济语境——自由主义、资本主义和社会主义运动都在这一时期得到了发展——而这一语境只与在西方世界发展起来的女性主义运动有关"①。就文化的特殊性而言，女性主义的定义通常都是西方"第一世界的"。与此相关的问题还有，第一波女性主义中的那些人的阶级背景。以英国为例，最初的参与者多来自中产阶级，到第一波女性主义最后，差不多四分之一来自工人阶级。② 显然，阶级背景与妇女对运动的参与有密切关系，工人阶级妇女参与选举权运动的比例要低于其他阶级③。选举权运动中，参与的妇女被分成了两个阵营，一方在期待所有成年女性获得选举权，另一方则在考虑参与者的年龄或财产所有权等资格。就英国而言，参与第一波女性主义运动的都是白人。以上所述其实也是在提醒我们，我们通常所认为的第一波女性主义是一个特殊的文化运动。

第二节　第一波女性主义者的代表：
弗吉尼亚·伍尔芙

弗吉尼亚·伍尔芙（Virginia Woolf，1882 - 1941）的《一间自

① Elizabeth Sarah ed.，*Reassessment of "First Wave" Feminism*，Oxford：Pergamon Press，1982，p. 521.

② Olive Banks，*Becoming a Feminist：The Social Origins of "First Wave" Feminism*，Brighton：Wheatsheaf，1986，p. 21.

③ Olive Banks，*Becoming a Feminist：The Social Origins of "First Wave" Feminism*，Brighton：Wheatsheaf，1986，p. 54.

己的房间》无疑是 20 世纪最有影响力的女性主义文本之一。她的小说与理论都是非常著名的。西蒙娜·德·波伏娃（Simone de Beauvoir，1908－1986）对伍尔芙的作品如此评说："伍尔芙是我崇拜的作家之一，她的作品我有时候也会重读，但是仅限于她的女性主义著作。因为我实在不敢苟同她的小说。它们没有中心。它们没有任何主题。"① 我们可以质疑波伏娃对伍尔芙作为小说家的判断，不过，她如此评论当然是为了表明她自己的非虚构作品对女性主义问题和看法的话语权。其实，很多批评家也看到了伍尔芙的小说和理论的相似性。如果考虑到伍尔芙对第一波女性主义的很多自相矛盾的观点，那么，我们还能把她看作第一波女性主义者，或者就是一位女性主义者吗？《一间自己的房间》出版于 1929 年，此前，英国妇女刚刚获得选举权。这篇文章是以她在纽恩海姆（Newnham）和格顿（Girton）的两篇演讲为基础而撰写的，演讲的主题是妇女与小说。在当时的剑桥，只有纽恩海姆和格顿能够接收女生。伍尔芙在文章中主要强调了三点。首先，妇女作为作家的不成功，并非因为她们缺少天分，而是缘于社会造成的不利因素，如她们不被教育机构接纳，她们经济上的依赖，她们没有自己的房间，她们需要不断地生养孩子。其次，伍尔芙提出了两个重要的解决方法：经济独立（一年 500 英镑）和有自己的房间（如书名所示），以此让妇女发挥出她们作为作家的全部潜能。最后，伍尔芙认为，"对于任何一个写作的人来说，若想到自身的性别，都将是毁灭性的"。② 她提出，所有伟大的作家都是具有雌雄同体的头脑

---

① Deirdre Bair, "Simone de Beauvoir: Politics, Language, and Feminist Identity", *Yale French Studies*, 1986 (72), 149－62, here p. 154.

② Virginia Woolf, *A Room of One's Own*, Harmondsworth: Penguin, 1945, p. 102.

的，其中融合了男性和女性的因素。

为了证实妇女在物质上的诸多不便，伍尔芙用了很巧妙的策略，来展示她在做这个演讲主题的研究时所经历的重重困难。因为突然间闪现的一个念头，她走小路穿过牛津大学和剑桥大学的草地，却遇到了一位愤怒的教区执事，他拦住了伍尔芙并告诉她，这块草地只有大学里的男性研究者和学者才能通过。然后，伍尔芙去了图书馆，也被拒之门外，因为妇女必须由男性研究者陪同或者带着介绍信才能进去。① 通过这些，伍尔芙明确地告诉读者妇女不被教育机构所接纳的事实。循着她的主题，伍尔芙又比较了她在一所男子学院愉快地享用晚餐和她在一所女子学院不舒服、不愉快的斯巴达式的晚餐。她由此提出，只有满足了物质的需求，知识性的作品才能实现其最大效用。她也强调说，最好的食物和酒更能制造出优秀的作品，这要远胜于她在那所女子学院的"校园晚餐"中所吃到的肉汁汤、牛肉和两种蔬菜，以及干果和甜点。菜单的不同显然是与两所学院的经济状况有关的：男子学院有着悠久的历史，通过那些有钱的赞助人和校友们的赠予，积聚了大量的财富，而女子学院四处募集来的仅仅是聊以生存的钱财。从文字的描述来看，这造成的是钱财被大量地注入男子学院的基金会中。伍尔芙提醒我们说，男人可以如此自由地获得学习的机会，就是因为他们比女人富有。反之，女人则要负责生养孩子，她是不可能获得经济钱财的，因为在大多数情况下，从法律上来讲，一个已婚女人的所有财产和收入都是属于她丈夫的。

妇女在物质上的诸多劣势，也对她们的生活、她们创造性的自

---

① 弗吉尼亚·伍尔芙：《伍尔芙随笔全集（1~4）》，张学军等译，中国社会科学出版社，2001，第490~492页。

由表达带来了实际的显著影响。伍尔芙在《一间自己的房间》的第三章和第四章里，用事实证明了，从 16 世纪到 19 世纪，那些写作的妇女必须协调她们的社会处境和她们的写作。或许，在这部分里，伍尔芙最深刻的论说就是：假想莎士比亚有一个叫朱迪斯的妹妹，她会如何。尽管她也会有同样惊人的天赋，但是，伍尔芙认为，她的反抗和最终的死去，都代表了我们所失去的妇女的写作。对于伍尔芙来说，同样重要的还有，妇女在社会和物质方面的劣势对她们被认知的方式的影响。伍尔芙去大英博物馆参观，想要研究妇女与贫穷的主题，在她的笔记中，她发现，任何一位男人写的关于女人的书里都显示了很多古怪的细节。有的描述事实说，"体毛比较少"；有的则明显带有父权思想的价值判断，"在智力、道德和体力上的低下"①。她罗列的这些条目揭示了一个奇怪的事实，那就是，男人看似总是先入为主地对妇女做出不公的判断，也就是说，他们在貌似科学客观的外衣下隐藏了他们的偏见，他们判断所有的妇女都是相似的，如"道德感更弱"、"寿命更长"②。而他们的判断仅仅依赖假设的男性标准，伍尔芙困惑于这种表面的事实，即人们总是在强调和证明妇女在写作能力方面比男人低下，而男人显然是凌驾于妇女之上的。她由此得出结论说："几百年来，女人一直被用作镜子，那镜子具有把男人的外形以其自然大小两倍的方式给照出来的似魔术而又令人愉快的力量。"③ 随后，她又进一步

---

① 弗吉尼亚·伍尔芙：《伍尔芙随笔全集（1~4）》，张学军等译，中国社会科学出版社，2001，第 513 页。
② 弗吉尼亚·伍尔芙：《伍尔芙随笔全集（1~4）》，张学军等译，中国社会科学出版社，2001，第 513 页。
③ 弗吉尼亚·伍尔芙：《伍尔芙随笔全集（1~4）》，张学军等译，中国社会科学出版社，2001，第 520 页。

分析说：“如果女人不低劣的话，他们也就不能再自我扩张了。这也在某种程度上有助于说明，为什么男人常常需要女人。”① 然而，在虚构作品中，这种情景似乎是截然不同的。伍尔芙强调，在男作家的虚构作品中，妇女是“最为重要的”，她们“千姿百态，既勇猛又卑贱，既光鲜又龌龊，既美艳绝伦又奇丑无比，像男人一样伟大，有人认为甚至比男人还要伟大”。② 伍尔芙巧妙地暗示说，这些老套的、截然相反的女性特质并不像看起来那么多样，就我们所希望看到的女性气质而言，在美丽、道德、天使般的女英雄与丑陋、邪恶、恶魔般的女反派之间，并没有什么特别的差距。

第三节　女性主义的圣经：《第二性》

波伏娃《第二性》在法国的出版似乎出现在第一波女性主义和第二波女性主义之间的空隙中。如果我们考虑到法国在这个时期的特殊地位，那么选择这本书作为第一波女性主义的范例就是完全恰当的。1949 年，法国从“二战”时被德国占领的伤痛中恢复过来，妇女在 1945 年才获得选举权，堕胎和避孕都是违法的。妇女权利的问题并没有在议事日程上。毋庸置疑，这本书的出版马上引起了社会的骚动，有人野蛮地攻击出版社，这本书也被列入了梵蒂冈禁书索引。1953 年，这本书被翻译成英文在美国和英国出版，

---

① 弗吉尼亚·伍尔芙：《伍尔芙随笔全集（1～4）》，张学军等译，中国社会科学出版社，2001，第 521 页。
② 弗吉尼亚·伍尔芙：《伍尔芙随笔全集（1～4）》，张学军等译，中国社会科学出版社，2001，第 527 页。

并没有产生特别的恐慌。[①] 无论从字面上还是从概念上来说，《第二性》都是一本内容广博的著作。其中涉及了很多方面，例如，生物学、种族和女同性恋，这些对后来的女性主义写作都是很重要的，还讨论了女性主义理论与其他理论之间的关联，如马克思主义和精神分析理论，这也为第二波女性主义理论打下了基础。与《一间自己的房间》一样，《第二性》也看到了女人的低等，这更多地与女性后天的处境有关，而不仅仅与其自然本性有关。波伏娃也承认伍尔芙的文章对她自己作品的很多地方都有影响，虽然她并不喜欢伍尔芙的小说，但是她在书中也的确引用了伍尔芙小说的一些内容。《第二性》分为两卷本：第一卷《事实与神话》讨论的是父权制认知妇女的方式；第二卷《当代女性》探讨了各种妇女的生活经验，并提供了相应的解释。在这一结构中，不同的部分分别涉及如下问题：从哲学与伦理学的角度探讨女性气质；妇女历史；文学与文化中的妇女形象；妇女生命的各个阶段；妇女如何在父权制下忍耐或应对各种压迫；妇女如何获得真正的解放和自由。

波伏娃在这本书里最著名的论断就是："女人，不是生就的，而是后天成为的。"[②] 这一深刻的洞见表明，并非生物性或自然本性使我们成为女人，而是我们的社会处境使我们成为女人。换言之，所谓女性是与社会的、历史的、文化的定义中的女性气质不可分割的。在父权制的社会中，如此定义就将妇女定位为男人的"他者"，即男人所不是的，就是她们所是，"人类就是指男性，

---

① 不过，英文译本也遇到它的问题，例如，历史上的重要妇女的生活细节被删除了很多。参见 Deirdre Bair, "'Madly Sensible and Brilliantly Confused': From Le Deuxieme Srxe to The Second Sex", in *Dalhousie French Studies*, 1987 (13), 23 – 35。

② Simone de Beauvoir, *The Second Sex*, ed., and trans. H. M. Parshley, London: Picador, 1988, p. 295.

男人不是通过女人本身来定义她们，而是依赖其与男人的关系而定"①。在波伏娃看来，男性气质代表着肯定、中立、标准和超越。反之，女性气质则被视为否定、畸形和内在。"超越"与"内在"是《第二性》中很重要的概念，前者可以被定义为，践行世界上值得做的行动和计划的能力，后者反之，仅仅局限于做自己的和常规事务的能力。然而，书中一个最为苛责、最有争议的建议就是：尽管女性气质本身是具有诱惑性的，但是，作为个体的女性，可以并且应该坚持内在的女性气质，当然也可以选择去改变它。波伏娃承认，如果顺从父权制对妇女的定义，那么一切将会更容易，我们也可能会更快乐；但是她也强调说，自由其实比快乐更重要。② 该书前面几章驳斥了生物学、精神分析和马克思主义对妇女低下性的解释，因为他们都没有对妇女作为男人的"他者"这一事实做出很好的解释，波伏娃认为，历史是发展和建构妇女的"他者化"（othering）的漫长历程，和伍尔芙一样，她也发现了，在男作家的作品中，因为对"他者"概念理解的灵活性，他们对妇女形象的描述有着明显的矛盾。和伍尔芙一样，她也认为，妇女写作也被她们的低下社会地位打上了烙印。

波伏娃对于妇女自由问题的理解，是围绕着要改变妇女作为男人的低等他者的处境，并且创造平等来展开的。她强调，这样的进步，部分依赖于社会的变革，如妇女走出家庭去从事能赚钱的工作、众所周知的那样废除婚姻、为抚养孩子提供补给、孕产的救济

---

① Simone de Beauvoir, *The Second Sex*, ed., and trans. H. M. Parshley, London：Picador, 1988, p. 16.

② Simone de Beauvoir, *The Second Sex*, ed., and trans. H. M. Parshley, London：Picador, 1988, p. 29.

金、堕胎的权利。然而，这些变化必须在男女之间互相改变看法的时候才发生。统治与服从之间的关系要被平等的相互关系所取代，"当我们废除了对一半人的奴役时，同时也包含了整个体系的伪善，那么，对人的'分隔'就揭示了其真正的意义，而一对男女也将发现其真正的形式"。①

第四节　解构主义对女性主义的影响

女性主义思想与女性主义文学批评在社会、文化领域、文学界产生广泛影响也是在 20 世纪六七十年代。尤其是对当代的女性主义产生重大影响的法国女性主义思想，兴盛于 60 年代的社会政治运动（即"五月风暴"），而其最为重要的理论基础之一便是德里达的解构主义哲学。

德里达（Jacques Derrida，1930–2004），当代法国哲学家、解构主义的创始人。20 世纪 60 年代晚期，他以《书写与差异》、《声音与现象》、《论文字学》三部著作，奠定了其学术地位，同时，亦多有论著和论文发表，全面而系统地阐述了他的解构主义哲学、美学和文学批评理论。

的确，德里达和女性主义之间存在各种关联之处。例如，通过"解构"这一概念，德里达与女性主义找到了共同的批判对象，那就是孕育了包括压迫妇女的传统在内的西方思想传统，于是，解构主义与女性主义在颠覆西方传统思想与现存的等级秩序的理论和实

---

① Simone de Beauvoir, *The Second Sex*, ed., and trans. H. M. Parshley, London: Picador, 1988, p. 741.

践过程中找到了共同语言，两者致力于击碎以传统二元论为基础建构的统治/服从关系。事实上，德里达的解构主义理论不仅为女性主义提供了反抗父权制统治的思想武器与方法论工具，也为女性主义提供了宝贵的思想资源。而中国学者包亚明在《20世纪西方美学经典文本·后现代景观》的"序言"中，亦指出了女性主义与解构主义产生"巨大的亲和力"的内在原因，那就是"共同怀疑现代性、现代政治、现代哲学的傲慢与可疑的主张"。① 究其实，这一"傲慢而可疑的主张"，便是以统治与服从、心灵与肉体、精神与物质、男性与女性等为基本表现形式的二元对立结构。

在德里达解构主义与女性主义的研究中，我们可以发现两者共同使用的一个关键词：菲逻各斯中心主义（phallogocentrism）（也即阳性逻各斯中心主义）。在德里达解构主义术语中，"菲逻各斯中心"（phallogocentric）是"菲勒斯中心"（phallocentric）与"逻各斯中心"（logocentric）的合并。德里达认为，这是运用性别和社会权力的人，借助于这种信心而保持他们对权力和性别的控制，而他始终关心的是要以此对中心主义进行解构，同时减少男性的话语统治。同样地，在女性主义中，他们在对父权制的批判中完成了对西方逻各斯中心主义（logocentrism）传统的解构，而在女性主义者看来，逻各斯中心主义与所谓的"菲勒斯中心"（phallocentrism）是一回事，由此，"菲逻各斯中心主义"（phallogocentrism）所意指的就是，有关这个世界的一切解释、有关这个世界的意义，最终都是男性说了算，这里自然存在男性话语霸权。因此，解构主义的反传统、反中心、反权威、反社会的倾向，恰好为女性主义批评提供了

---

① 朱立元：《后现代景观》，复旦大学出版社，2000，第4页。

批评武器，女性主义批评家们借此来消解男性与女性的二元对立，并对男性中心话语与父权制意识形态进行解构，从而获得男女的和谐与平等。

由此，可以从菲逻各斯中心主义所由来的两个方面——逻各斯中心主义和菲勒斯中心主义，来阐释解构主义理论对女性主义的影响。

德里达在其解构理论中这样认为：整个西方形而上学传统都是"逻各斯中心主义"的，正是逻各斯中心主义，使得西方传统的形而上学思维方法建立在了一正一反的二元对立的基础上，但是这些二元对立并不是平等并置的。"逻各斯中心主义设定了一套二元对立的把戏，如真理/谬误、在场/缺场、相同/差异、言语/书写、存在/虚无、生/死、自然/文明、心灵/物质、灵魂/肉体、男人/女人、好/坏、主人/奴隶等，斜杠左侧是处于高一等级的命题，从属逻各斯，居于优先地位，而斜杠右侧则标示一种堕落，它是前者的泛化、否定、显形或瓦解。"[1] 它通过设立第一项的优先性而迫使第二项从属于它，第一项是首位的、本质的、中心的、本源的，而第二项则是次要的、非本质的、边缘的、衍生的。因此，批驳逻各斯中心主义的观念是解构主义最重要的一个立场，德里达提出，要想推翻逻各斯中心主义，就必须颠覆这种等级秩序，他反对传统形而上学所设定的超验的、永恒的、实体化的中心，认为中心只是一种功能，中心的替换永远不会停止。他意识到，这种中心观念之所以根深蒂固，是因为它符合人类一种与生俱来的欲望——将世界置

---

① G. Douglas Atkins, *Reading Deconstruction*, *Deconstructive Reading*, Kentucky: The University of Kentucky Press, 1983, p. 20.

于自己的控制之下，以及对一切可能威胁到这种控制的因素的畏惧。因此，中心的观念与权力的欲望是密不可分的，暂时居于中心的力量往往会借用真理的名义，竭力使自己的优越位置永久化。

而在所有这些二元对立中，男性与女性构成了人类生存中最基本的两项对立。父权社会的发展使这种对立走向极端。逻各斯中心主义与父权所主宰的性别秩序是合二为一的，现代社会不仅是逻各斯中心社会，也是菲勒斯中心社会。在解构主义理论的影响下，女性主义认识到这个世界是一个男性中心思维模式所统治的世界，因此，解构和颠覆男女之间的二元对立关系成为女性主义最重要的"破坏"活动之一。法国女性主义者埃莱娜·西苏（Helene Cixous，1937 - ），受德里达解构主义理论影响至深，而其理论出发点就是要打破男女二元对立的思维模式，重新界定女性空间。她认为："在这致命的二元区分中，阴性词语的那一方总是逃脱不了被扼杀、被抹除的结果。"① 因为我们不可否认这样的一个事实，那就是，性别的二元对立模式已深深嵌入我们文化的各个层面，结构着人们的思想行为。故此，女性主义若要颠覆男性中心主义，就必须解构性别的二元对立，瓦解父权制度所建立的一整套象征秩序，并提出另一种思维模式。

美国女性主义学者玛丽·朴维（Mary Poovey）在《女性主义与解构主义》一文中，提及解构主义为女性主义所做出的贡献，其中之一就是向等级制和对立统一逻辑提出挑战。她认为："解构主义的实践把二元对立转化成一个循环关系而不是固定关系的机制，这种机制可以调动（尽管它不经常也没有必要这样做）另一

---

① Pam Morris, *Literature and Feminism: An Introduction*, Lyon: Breakwill Press, 1993, p. 122.

个秩序系统，在那个秩序系统中难以确立二元对立本质的虚假统一体。换句话说，解构主义在其消除神秘特征的模式中并不简单地提供另一个二元对立的等级制选择；解构主义质疑和详细调查特征和二元对立的本质，因而揭露了建立和保持等级式思维所必须依赖的计谋。"①

要言之，德里达的解构技术向我们显示，如果女性主义理论想要在与菲勒斯中心主义的论争中取胜，那么，它绝对不可能站在一个脱离菲勒斯中心主义的立场来进行讨论。正如伊丽莎白·格罗斯（Elizabeth Crosz）所说："如果只是停留在一种（逻各斯中心的，菲勒斯中心的）思想体系之外，也即使之未被触碰，那么，我们也只是和这些名词术语待在一起，从另一个角度来讲，也就是把它们生吞活剥了。"② 似乎，这也正是德里达的解构主义理论反讽的一面了——女性主义者们不应脱离菲逻各斯中心主义来颠覆菲逻各斯中心主义。因此，"德里达'解构的计划'使女性主义者发展得更加优雅地来与菲勒斯中心主义——逻各斯中心主义的一个自范畴，进行挑战"。③

故而，"他（即德里达）把菲逻各斯中心主义看作解构必然要遭遇的一种思想体系，因为，其中包含对人类思想起支配性作用的深奥的指导"。④ 正是在此意义上，德里达的解构主义理论为女性主义打开了一条通道。

---

① 玛丽·朴维：《女性主义与解构主义》，载张京媛主编《当代女性主义文学批评》，北京大学出版社，1995，第340页。
② Elizabeth Grosz, "Contemporary Theories of Power and Subjectivity", in S. Gunew (ed.) *Feminist Knowledge*: *Critique and Construct*, London: Routledge, 1990, p. 100.
③ Ann Brooks, *Postfeminisms*: *Feminism, Cultural Theory and Cultural Forms*, London: Routledge, 1997, p. 75.
④ Roland A. Champagne, *Jacques Derrida*, New York: Twayne Publishers, 1995, p. 84.

第二章
黑人女性主义与后殖民女性主义

女性主义从其产生之初，就被默认为针对白人中产阶级异性恋女性的一种理论。然而，女性的种族、阶级、性取向等绝不是这样一种简单的类型可以完全概括的。有白人，也有黑人和亚洲人等；有中产阶级，也有工人阶级和家庭妇女等；有异性恋，也有同性恋、双性恋、易性者等。每一种类型的女性都有其不同于其他女性的经历和思想。因此，我们从第一波女性主义，跨越到黑人女性主义和后殖民女性主义，也是希望能够展示女性、女性主义的多元化存在。

第一节 黑人女性主义的命运与后殖民理论

在很多女性主义理论中，黑人女性是缺席的。在少数族裔女性主义的研究中，有一本很重要的文集，其书名是：《所有的女人都是白人，所有的黑人都是男人，但我们中的一些人是勇敢的》（*All the Women Are White，All the Blacks Are Men，But Some of Us Are Brave*），①

---

① Gloria T. Hull, Patricia Bell Scott and Barbara Smith ed. , *All the Women Are White, All the Blacks Are Men, But Some of Us Are Brave*, Old Westbury: The Feminist Press, 1982.

这就向我们表明，黑人女性的缺席并不仅仅因为黑人女性的创作和作品发表的数量少，其中更表现出了一个意识形态和关注度的问题。换言之，正如这个文集的标题所显现的，女性特征经常被视为白人女性的范畴，而黑人则被建构为男性的范畴。因此，黑人女性就处于双重边缘的状态。当然，我们也可以举出很多反例来。例如，弗洛伊德有个著名的描述，将女性视为"黑暗大陆"，这就如同让一个帝国主义者去统治一个非白人种族的地区，以这种方式所理解到的女性气质恐怕很难是客观而公正的。[①]　其实，种族的范畴并不能简单地"添加"到性别、阶级和性的范畴之上。谈及黑人女性主义，我们要表明的是，性别总是被种族的定义所标记，反之亦然。且以美国为例，尽管早期的废除奴隶制度者们也提出过为女性的权力而战，但是，后来的争取选举权的运动是由白人女性来领导，这就陷入了一个权宜之计的选择，或是给黑人男性选举权，或是给白人女性选举权，而黑人女性却被忽略了。不得不承认，就种族而言，黑人的地位是低于白人的，而在同一种族中，女性的地位始终是低于男性的。在民权运动中，权力通常是指黑人男性的权力，而黑人女性则总是处于屈从的地位。在20世纪60年代至70年代第二波女性主义开始的时候，美国黑人民权运动也正处于高潮。自由主义女性主义运动围绕着世界妇女组织而展开，而她们对于黑人女性的忽视，以及对于女人走出家庭、外出工作等诸多问题的不同态度，总是受到人们的批判。[②]

---

① Sigmund Freud, "The Question of Lay Analysis: Conversations with an Impartial Person", in *The Standard Edition of the Complete Psychological Works of Sigmund Freud*, Vol. 20, trans. and ed., James Strachey, London: Hogarth, 1953, pp. 183–250. Here p. 212.

② 参见 Deborah K. King, "Multiple Jeopardy, Multiple Consciousness: The Context of a Black Feminist Ideology", *Signs*, 14 (1988), 42–72。

若要建立起一种对于性别与种族关系的共同观点，我们首先需要摒弃的是"黑人"与"种族"的概念给我们的印象。"黑人女性主义"究竟何指呢？仅仅是非裔美国人的女性主义，或是所有从非洲流散的女性主义吗？这里的"流散"有两个层面的含义，一个是指在历史上，全球特定种族在殖民统治与压迫下的流散，另一个是指在当代文化认同中的一些群体的流散。[①] 而"黑人"一词是否可以置换为能够区分历史与文化的地域区别的称谓，诸如非裔美国人、拉丁裔美国人和墨西哥裔美国人呢？还是说，我们非要用"黑人"来表述这一定义的种族主义历史呢？有的作家用首字母大写的方式（即"Black"）来标志她们对"黑人"一词的反种族的重新表述。与之相似的是"有色"（color）一词，这是用在"有色人种/女人"（people/women of color）的说法中，[②] 有趣的是，"有色男人"（men of color）的说法却鲜有使用。诸如此类问题的提出，并非因为困惑或急于寻求答案，而是为了表明对于有关术语的政治性选择的必要，并且提出关于种族范畴的结构问题。那么，种族是否只是一个遗传学和生物学的问题，而远非语言和符号学的问题呢？其实，种族并不是一个单纯指向物质或身体的概念。若非如此，则可能会忽视很多历史。非白人种族范畴的物理性与物质性效力，一定程度是来自他们语言的多元和变动。对于白人的描述一直以来是很少有争议的。白人总是被认为是不证自明的、中立的、缺席的，甚至是不需要讨论的。不过这是有待讨论的。因为种族的基

---

① 参见 Stuart Hall, "Cultural Identity and Diaspora", in *Colonial Discourse and Post-Colonial Theory: A Reader*, ed., Patrick Williams and Laura Chrisman, Hemel Hempstead: Harvester Wheatsheaf, 1993, pp. 392 – 403。

② 可参见 *The Bridge Called My Back: Writings by Radical Women of Color*, ed., Cherrie Moraga and Gloria Anzaldua, Kitchen Table: Women of Color Press, 1983。

本概念是建基于生物的或遗传的差异之上的，这就假设了"种族"
（race）这一范畴可以被"种族国家"（ethnicity）这一文化定义的
范畴所替代，种族国家所指的就是具有共同的习俗、信仰和价值观
的群体。然而，这一设定忽视了种族主义围绕着黑人与白人的
"种族范畴"的两极化。因此我们可以明白，当一个人属于一个被
压迫的群体时，他会为了反抗政治的目的而依然保持着种族的基本
概念。这种处境一定程度上可以类比于在男同性恋政治中，人们用
生理性别的指向来争取平等的权利。

为了达到教育的目的，在这一点上，我们可以给种族一个基本
的界定。黑人女性主体的"迁徙"一度成为黑人女性写作的一个
特征。① 此外，"'语言杂糅'动力"和"混杂趋势"的概念也定
义了黑人"流散美学"。② 黑人文化的这两个命题使我们的讨论从
黑人与白人的根本差异，转移到了种族身份这个更为复杂的概念上
来，而种族身份又是由内在与外在的多种区别所构成的。就这个意
义而言，这些理论更是典型的当代后（-）殖民理论。殖民文化
与殖民国家是被非原住民所征服与控制的。那么，我们又在多大程
度上是真正生活在一个所有殖民主义的形式都完全消失了的"后
殖民"的世界中呢？尽管从 20 世纪后半叶以来，一些国家瓦解了
殖民统治的政府组织，并且获得独立，建立起自己的政府，然而也
有一些国家仍然受着殖民主义的影响。如果这个"后"仅仅被理

---

① Carole Boyce Davies, *Black Women*, *Writing and Identity*: *Migrations of the Subject*. London:
Routledge, 1994, p. 3.

② Kobena Mercer, "Diaspora Culture and Dialogic Imagination: The Aesthetics of Black
Independent Film in Britain", in *Blackframes*: *Critical Perspectives on Black Independent
Cinema*, ed., Mbye B. Cham and Claire Andrade Watkins. Cambridge, Mass.: The MIT
Press, 1988, pp. 50 – 61. Here p. 57.

解为时间意义的话，那么未免太过于简单化了。这个连字符可能不大恰当地表示了与殖民文化和社会的清楚的关联或分离，在这一文化和社会中，也许从最开始就有着对压迫的抗拒。"后殖民"概念本身可能就表明了，殖民主义和对它的抗拒就是特定社会和文化的必然。如果前缀是"新"（neo）或"解"（de）的话，就如"新殖民主义"（neocolonialism）和"解殖民化"（decolonization），也许可以将带有殖民化和冲突进程标志的不同社会与文化间的关联性和差异性表示得更明白。显然，这些进程都是与帝国主义有联系的，这里的帝国主义可以从经济和意识形态两个层面来理解。从经济的层面来看，帝国主义包括资本主义的全球扩张，以及对其他生产模式与社会组织的解构。从意识形态的层面来看，它包括帝国主义修辞的扩张，而这种帝国主义修辞的目的是要创造和强化一种统治世界的欧洲文化的信仰。

对当代后殖民理论中的话语与术语问题的关注，表达了一种转变黑/白等简单的二元模式的意愿，而这种转变其实也是对种族的一种定义，与此同时，它依然承认在种族对话中这些模式的作用力。早期的后殖民理论应和了西方二元主义的创造模式，如自我与他者、中心与边缘，以此来解释西方与东方，或"第一"世界与"第三"世界之间的关系。[①] 这些模式是对建构和感知种族、种族国家、殖民主义和/或流散等的保守方式的强有力的转变，但对建构本身是无须批判的。近来，内在的、帝国主义的、滞留的殖民化和部分的解殖民化形式，以及流放者殖民地（break-away settler colony）的形式，都已经被做出仔细的区别。这些都表现出了批判

---

① 赛义德：《东方学》，王宇根译，三联书店，2007。

的效用，但这样的做法也在一定意义上保留了殖民/后殖民二元本身的功效。① 然而，如果我们放弃了这样大规模的尝试而转向理论，那么，我们是否也可以放弃批判的和对立的政治交易而转向他们提供的进路呢？正如伊格尔顿（Terry Eagleton，1943 - ）在他的《在高迪超市》（*In the Gaudy Supermarket*）一文中所说，"后殖民的混杂性与后现代的任何主义（anything-goes-ism）之间的界限是极为微小的"。② 该文强调了在后殖民的多元模式中潜在的商品交易与消费倾向，这在与美国学术研究有关的时候尤其如此。的确，美国在后殖民理论中的不确定的地位，也标示出了后殖民理论本身的不确定性与潜在的弱点，同时，说明了美国作为一个流放者殖民地的历史，它在当今国际军事中的实力地位（这本身也是一种帝国主义的形式），以及它"多种族国家"的人口构成。因此，我们将此定位为非裔美国研究，这一有着为了摆脱直接束缚的潜在目的的研究，也许并不合适。

那么，女性主义究竟发生了什么？如果我们用后殖民理论而不是用女性主义来解读托妮·莫里森（Toni Morrison，1931 - ）的小说《苏拉》（*Sula*）的话，我们是否会忽略性别的驱动力呢？很多早期的后殖民理论家就很少关注到性别问题是如何使种族、种族国家与解殖民化等问题复杂化并与之发生关联的。而且，很多在美国工作的非裔美国女性主义者更关注于为种族提供一个空间，在这个

---

① Anne McClintock, "The Angel of Progress: Pitfalls of the Term 'Post-colonialism'", in *Colonial Discourse and Post-Colonial Theory: A Reader*, ed., Patrick Williams and Laura Chrisman, Hemel Hempstead: Harvester Wheatsheaf, 1993, pp. 291 - 304. Here p. 295.

② Terry Eagleton, "In the Gaudy Supermarket", Review of Gayatri Chakravorty Spivak, A Critique of Post-Colonial Reason: Toward a History of the Vanishing Present, London Review of Books Online, 21, 10 (31 May 1999). See http://www. lrb. co. uk.

空间里她们可以构想一个强大的白人中产阶级的、真正的女性主义运动。这些由黑人女性主义理论与后殖民理论之间的互动所创造出的复杂的可能性，也就是我们之所以如此关注黑人女性创作与黑人女性主义理论的原因。

第二节 黑人女性主义理论的提出与 延伸：《迈向黑人女性主义批评》 与《后现代的黑人性》

《迈向黑人女性主义批评》（"Toward a Black Feminist Criticism"）是黑人女作家芭芭拉·史密斯（Barbara Smith，1946 – ）的代表作，这篇文章可以说是"最早的关于黑人女性主义批评的理论文章"。[①] 文章开篇，作者就很谨慎地说，"我不知该从何说起"，[②] 但是到了第一段的结束，史密斯就指出，在文学界，人们对黑人女性作家和黑人女同性恋作家并不了解，这就表明了她要重构文学批评的目的。史密斯认为，黑人女性在政治和文学领域是被忽视的，但其实应该得到认可和关注。她提出，如果存在一种黑人文学准则的话，那么它也是完全男性化的标准，而且女性主义者们对于黑人女作家的评价也总是会忽略种族差异的特殊性。为了改变这种处境，她指出要创立一种独特的黑人女性主义批评，其中应该

[①] Deborah E. Mcdowell, "New Directions for Black Feminist Criticism", *Black American Literature Forum*, 14 (1980), 153 – 159. Here p. 154.

[②] Barbara Smith, "Toward a Black Feminist Criticism", in *The New Feminist Criticism：Essays on Women, Literature, and Theory*, ed., Elaine Showalter, London：Virago, 1986, pp. 168 – 185. Here p. 168. 可参看芭芭拉·史密斯《黑人女性主义评论的萌芽》，见张京媛主编《当代女性主义文学批评》，北京大学出版社，1992，第 100 ~ 121 页。此处第 100 页。

包括这样的事实，即"黑人女作家作品中，性政治与种族和阶级政治紧密结合的因素"。① 黑人女性主义批评要接受的一个假设是，黑人女性独特的体验会显示为她们在文学创作与语言上的独特性。这些共同之处意味着黑人女性的创作形成了一种特殊的文学传统，为了检验并支持这一传统，文学批评要尽量对其他黑人女性做出有效的阐释。黑人女性主义文学批评应该从多方面支持黑人女性运动，并对之做出积极的回应。史密斯文章的后面部分，基本上是对托妮·莫里森的一部女同性恋小说《苏拉》进行分析，她的论述是让人极为信服的。在史密斯看来，很多黑人女作家的作品都可以被定义为女同性恋文学，"并非因为妇女是'恋人'，而是因为她们是中心人物，被正面描写，而且彼此有着轴心关系。这些作品的形式和语言完全不同于白人父权制文化所期待的那样"。② 因此，史密斯评论说，莫里森在《苏拉》中批评的是婚姻与家庭的异性恋规则。"通常，异性恋是黑人妇女享有的唯一特权。……走出来，尤其是将作品出版，是那些并无恶意的'举止高雅'的黑人妇女们常常所不能'容忍'的。"③ 她强烈建议，作为一位女同性恋走出来是对抗诸如性别主义、种族主义和异性恋等连锁压迫的一种方式。在文章最后，史密斯呼吁白人妇女们认识到并承认"所有在这块土地上写作和生活的妇女"，并希望黑人妇女和黑人

---

① Barbara Smith, "Toward a Black Feminist Criticism", p. 170. （可参看芭芭拉·史密斯《黑人女性主义评论的萌芽》，第 103 页）

② Barbara Smith, "Toward a Black Feminist Criticism", p. 175. （可参看芭芭拉·史密斯《黑人女性主义评论的萌芽》，第 108 ~ 109 页）

③ Barbara Smith, "Toward a Black Feminist Criticism", p. 182. （可参看芭芭拉·史密斯《黑人女性主义评论的萌芽》，第 117 页）

女同性恋不再"如此的孤立"。①

此后，很多黑人女性主义者纷纷提出不同的主张和观点，让黑人女性主义理论不断深入和扩展。其中比较独特的理论代表就是贝尔·胡克斯（bell hooks，1952 – ）的《后现代的黑人性》（"Postmodern Blackness"）。

我们首先来看贝尔·胡克斯的名字，她的名字本身是极有意味的，表现出了黑人妇女追寻自我的努力。她沿用了曾祖母的名字，以显明"妇女可以通过母系来延续她们的家谱"，而且，她坚持用小写字母写自己的名字，以此来表示脱离美国女性主义运动的"象征性形象的概念"。② 《后现代的黑人性》一文来自她的《渴慕：种族，性别与文化政治》一书。胡克斯在文章开篇就提出，很多后现代主义的观点是将少数族裔人群排除在外的，而且"只有极少数非裔美国知识分子提及或者写到关于后现代主义的内容"。③ 在这其中，更鲜有人论及黑人女性。然而，若将黑人性与"铁石心肠的体验"相联系，④ 这也是让胡克斯质疑的。无论是从策略上还是从其他方面，胡克斯并不是要去求助于黑人身份的本质主义模式，而是将反本质主义作为对抗种族主义的一种方式。种族主义是要创造出整一的、"真正的"黑人身份，并由此来疗救他们，所以，反本质主义对之就是"一个严峻的挑战"，而且它也会

---

① Barbara Smith，"Toward a Black Feminist Criticism"，p. 183.（可参看芭芭拉·史密斯《黑人女性主义评论的萌芽》，第 119 页）

② Sian Griffiths，"A Class Sister Act"，*The Times Higher Education Supplement*，13 October 1995，p. 20.

③ Bell Hooks，"Postmodern Blackness"，in *Yearning：Race，Gender，and Cultural Politics*，London：Turnaround，1991，pp. 23 – 31. Here p. 23.

④ Bell Hooks，"Postmodern Blackness"，in *Yearning：Race，Gender，and Cultural Politics*，London：Turnaround，1991，p. 23.

通过阶级和性别将"所有黑人的体验"的概念复杂化。[①] 胡克斯转向了"体验的权威性"这一概念，以此来反抗对本质的黑人身份的忽视，因为忽视黑人本质的身份必然会导致黑人历史、文化与传统的失落。她提出，"对黑人'本质'理念的否定，以及认为黑人身份早已在流放与挣扎的体验中被明确建构，这二者之间有着根本的不同"。[②] 只有接受了这种区别，并且凭依胡克斯所描述的解构与重构并行的策略，才可能解决那些低等阶层群体对于后现代语境下"批判的声音"的渴慕。[③] 胡克斯倡议，黑人知识分子要通过后现代的观点来延展他们的研究，要超越学术研究上对流行文化与底层黑人的规定性的领域。然而，她也承认，包括她自己在内的很多黑人作家在出版后现代著作的时候，会面临很多困难，因为这些著作并不能与现实主义所期待的黑人艺术与文化相吻合。

第三节 黑人女性的身份认同：《苏拉》

下面，我们来具体分析黑人女作家莫里森的小说《苏拉》，以及其中所体现的黑人女性的身份问题。

托妮·莫里森是 1993 年诺贝尔文学奖得主，然而，更具标志性意义的是：她是第一位获得诺贝尔文学奖的美国黑人女作家。就在她得奖之后，英国《星期日独立报》对此发表了题为《奴隶制

① Bell Hooks, "Postmodern Blackness", in *Yearning: Race, Gender, and Cultural Politics*, London: Turnaround, 1991, p. 28.
② Bell Hooks, "Postmodern Blackness", in *Yearning: Race, Gender, and Cultural Politics*, London: Turnaround, 1991, p. 29.
③ Bell Hooks, "Postmodern Blackness", in *Yearning: Race, Gender, and Cultural Politics*, London: Turnaround, 1991, p. 27.

的受害者发现了他们的声音》的评论，文章说："瑞典文学院将不可避免地因其过于自负的政治公正而招致谴责。"① 那么，为什么争论要"不可避免地"围绕着授予莫里森文学最高奖的决定呢？如果我们仔细分析这句话就会发现，这里所用的"政治公正"这一颇有意味的语词所表明的是，瑞典文学院的这一决定也许是建立于非文学成就的基础之上的。

这自然会让我们再来思考一番文学与政治的关系。《星期日独立报》的这篇文章作出的论断无疑忽视了所有写作都是政治的这一事实，那么，当政治的缺席与审美的价值有关的时候，那些所谓的完全不受政治影响的文学概念自然会让我们有所怀疑。当然，我们也可以做这样的理解，文章的作者所谓的政治是有所特指的，只有少数族裔的、底层的和颠覆性的政治内容，而并不包括当权者或精英的政治价值，因为后者的政治反映了现存状态，成为一种无须质疑的标准，故而是无形的、不言自明的。而作者的这一理解，是相当具有普遍性的。因此，当白人男作家的种族和性别被作为衡量标准的时候，莫里森的黑人女作家的种族和性别身份自然会使她的作品显得不像白人男作家的作品那样"中立"。

黑人妇女与第三世界妇女的处境是相似的，她们都是一个在种族、异性恋、父权语境下工作的底层群体。面对这样的处境，她们的选择也是相同的：寻求女性的身份认同。黑人女性主义评论家芭芭拉·史密斯，印度裔美国女性主义理论家佳亚特里·查克拉沃蒂·斯皮瓦克（Gayatri Chakravorty Spivak，1942 - ），黑人女性主

---

① Peter Pringle, "Victims of Slavery Find Their Voice", *Independent on Sunday*, 10 October, 1993, p. 18.

义理论家贝尔·胡克斯，都在她们的一些理论著作中表达了对黑人妇女和底层妇女身份认同的探寻。莫里森的小说《苏拉》则是用文学的方式呈现了史密斯、斯皮瓦克和胡克斯等人的理论著作中所讨论的黑人妇女身份认同。小说中最为震撼的是作者对黑人妇女之间的友谊的认可，这也是黑人妇女自我本质的一种可能本源。

《苏拉》是莫里森创作的第二部小说，写了在麦德林小镇一起长大的两个黑人女孩，内尔和苏拉。她们有着不同而又相似的童年经历。内尔的母亲把家里收拾得整洁干净，而苏拉的房间则杂乱无章；她们都是独生女，母亲难以接近，真正的父亲缺席，苏拉的父亲已经去世，内尔的父亲并非她的生父；而且她们都有着美丽的幻想，期待一个心爱的人出现，来分享自己的感情，于是两个人走到了一起，也找到了勇气去创造自己。正是出于对自我身份的认同以及对自我主体的诉求，她们结下了深厚的"姐妹情谊"。然而，在成长的过程中，两人被迫疏远了，内尔嫁给了一个平庸的男人裘德，苏拉离开了小镇，离开了"底层"，外出寻找自我去了。十年的游历生活之后，苏拉回到了小镇，与童年时一样，她和内尔依然有着不同与相似。苏拉已经对传统的价值观产生了巨大的疏离感，她不再认可传统的婚姻观念，以及妇女在婚姻中所应扮演的角色，而内尔则完全走上了一条在家中相夫教子的传统女性的生活道路。所幸的是，分隔多年，二人却能继续最初的姐妹情谊。然而，当内尔发现苏拉和自己的丈夫裘德睡觉的时候，她们长久的关系面临了挑战，姐妹情谊破裂。数年后，内尔去看望临死前的苏拉，这最后一次见面也没能使两个女人和解。直到苏拉葬礼之后多年，内尔才意识到，她的痛苦不在于丈夫的出走，而在于失去了苏拉。

小说中，对内尔与苏拉的初次见面是这样描述的："因为她们数年前就发现，她们既不是男人，也不是白人，所有的自由与胜利都与她们无缘，她们已经着手创造成为其他。她们的见面是幸运的，因为她们逐渐喜欢上了对方。"① 黑人女性的身份认同是与其他因素相关联的，对此可以从否定与肯定两个方面来理解，否定者认为其身份认同是建立在对白人男性的身份认同的回应上，肯定者认为是建立于对黑人女性的精神伴侣的回应上。女性之间的姐妹情谊可以恢复黑人女性自然的、真正的自我，而且也允许这种自我成为本质的和暂时的。

莫里森通过《苏拉》这部小说探寻苏拉和内尔作为黑人女性的身份认同的形成过程。在她们主体性感觉的形成中，最为重要的一环就是她们与她们的母亲和祖母的关系、她们彼此之间与黑人男性之间的关系，这些都指向了最广义的种族主义。莫里森借助于两个核心人物的对话创作了这部小说，即苏拉和内尔之间的判断、反应和决定的对话，而不同的读者对此会有不同的比较和对比。

小说前面有一幕重要的情景，莫里森借此将黑人妇女的身份认同与身体相关联，也与黑人妇女之间的友谊相关联。内尔与苏拉在做一个无须文字的本能的游戏，她们将树枝上的树皮剥去，然后用树枝在地上挖洞，把垃圾埋进去。莫里森将这一幕描述为从她们青春期身体中萌生的性欲意识的感官交流，一种强烈的共同身份认同的感觉从这个生理体验中产生了出来。然而，紧随其后的却是奇根·利特尔的死亡，这预示的是分离、失去与恐惧。因为是苏拉在奇根荡秋千的时候推他荡起来的，这导致他掉入河中溺水而亡。尽

---

① Toni Morrison, *Sula*, London：Picador, 1991, p. 52. 本书下文所引该书内容，皆只在引文后注明书名和页码。

管内尔尽力安慰她，并且两人心照不宣地要保守这个秘密，但是，在葬礼上，"内尔和苏拉没有拉手或者看彼此一眼"（*Sula*，p. 64）。而就在这之后，她们又像所有的年轻女孩子一样手拉着手。这里所表现出的是，这番经历使她们下定决心联合在一起、彼此支持，她们的联合看起来似乎是建立在分离和缺失之上的。小说后面多次提及奇根之死，这件事教会苏拉的是"没有自我可以依靠"，而且让她感到"没有什么压力能改变她自己"（*Sula*，p. 119）。

在小说的另一个重要情节中，内尔与母亲海伦去看望内尔的外婆，这里呈现了黑人妇女对其主体性的残酷考量。这段南下到新奥林斯的漫长旅途一开始就很糟糕，因为海伦和内尔走错了车厢，进到了只许白人进入的火车车厢。就在海伦打开"只许黑人进入"的那扇门时，一位白人乘务员拦住了她们。此时，内尔在两节车厢之间的处境反映出的是她"蛋奶色皮肤"的模糊的种族范畴，因为她是一个有着白人血统的"科里奥尔淫妇"的女儿。她解释说自己搞错了，不是故意要进错车厢的，但是，显然乘务员并不接受她的说法。他酸溜溜地回答，他们的火车上并没有说不允许犯错误，要她现在就挪到她该去的车厢，到黑人车厢去，不要"弄脏"了白人车厢，这显然否认了内尔的"混血"特征。然而，内尔的母亲海伦在黑人车厢的处境也舒服不到哪里去。她对乘务员的辱骂回应了一个微笑，"就像一只流浪狗，刚被人从肉店里踢出来，就在门边摇尾乞怜"（*Sula*，p. 21）。她试图缓解与辱骂者之间的紧张关系，然而这却使她失去了车厢里那些原本可能同情她的黑人的帮助，"目睹这一幕的两位黑人士兵，原本看起来漠不关心，现在也对此充满厌恶"（*Sula*，p. 21）。内尔感觉到"他们充满了对她母亲的憎恶"，因为她出卖了黑色的荣耀。这一出卖的根源在于，

海伦想要将她的女性特征与种族分离开。她对那个乘务员的微笑是
"灿烂"而"风情万种"的，她好像要鼓励那个乘务员把她看作一
位迷人的女子而不去考虑她的种族，以此来保护自己免受对其种族
的辱骂。然而，那两位黑人士兵拒绝帮她搬运行李，以否定她的女
性特征来惩罚她。到了旅途终点，海伦被迫承认了她的性别与种族
之间的关联，因为，在这个南方的小车站上，并没有为黑人妇女准
备的卫生间，海伦和内尔与火车上的其他妇女一样，不得不蹲在附
近的草地上小便。因为不可避免的身体需要，海伦的性别与种族就
以这种生理的方式再次关联了起来。在新奥林斯，内尔见到了外祖
母，她很漂亮，却名声不好，说着法式的科里奥尔语。这段令人不
堪的旅行使内尔很担心，"假设她真的是蛋奶色皮肤，那么内尔也
可能是"（*Sula*，p. 22），而整个旅程也使她理解了自己本质上的
独特：

> "我是我"，她低声说着。"我！"
>
> 内尔并不十分清楚她究竟是什么意思，但是，另一方面，
> 她又清楚地知道她究竟是什么意思。
>
> "我是我。我不是她们的女儿，我不是内尔。我是我。
> 我"
>
> 她每说一次"我"这个字，就感觉到有一股力量、喜悦、
> 恐惧在她体内聚集。（*Sula*，p. 28）

这次旅行告诉内尔的是，本质的黑人女性特征是虚构的，却是
必需的。海伦试图强调的是，身份认同是建立在差异上的，例如，
白人血统与迷人"女性"的精致之间的差异，但是，她的策略却

失败了，因为她没有考虑到白人男性是根本不考虑这种区别的。最终，接受并利用人们对她的黑人妇女本质的定义反倒给了她力量，不是去反抗，而是保持自己种族的不变。旅途最后，海伦不仅"像那些胖女人一样去折叠树叶"，而且，当她去草地上小便，"经过那些男人们污浊的眼前时，她心里没有一丝的悸动"（*Sula*，p. 24）。内尔发现，用一种独特而宝贵的方式将自己塑造为一位黑人女性，给了她力量去"培养一位朋友，而不在乎她的母亲"（*Sula*，p. 29）。这位朋友就是苏拉。

当内尔和苏拉共享着"两幅歌喉一个观点"的美好时光的时候，当她们坚信，她们有共同的黑人妇女的本质特征的时候，她们的关系支撑起了她们两个人。随着小说情节的发展，莫里森向读者展示了，她们放弃或者不相信这种信念所带来的危险。内尔与裘德的婚姻，以及她对裘德的不忠的反应，使她认识到了差异，也带来了她与苏拉的疏离。

> 她（指：苏拉。作者注）曾那么依赖内尔，如同彼此最亲近无间的事物，而这只是让她意识到她与内尔并不是一个相同的事物。当她和裘德睡觉的时候，压根儿没有想要给内尔带来痛苦。她们总是分享对其他人的爱……显然，婚姻改变了这一切，但是，她对婚姻所知甚少，曾与她住在一起的妇女们认为所有男人都是唾手可得的，而选择男人只需考虑是否对自己胃口，她还没有准备好如何与她最亲近的那个人分享其他事物。（*Sula*，p. 119）

婚姻使内尔与苏拉有了"差异"。内尔强迫自己把最深的爱从苏拉转向裘德，她的性生活也不能分享，这使她成为一个男人的财产。小说让我们感到的是内尔对苏拉的背叛，而这使苏拉处于一种威胁者、局外人和"他者"的境地。这一处境妖魔化了苏拉，使她显得似乎精神异常，镇上的人们诅咒她是所有不幸的根源，这使他们自己感觉会更好。她的死亡使这一点更清楚，"那些保护孩子远离苏拉的恶毒诅咒的母亲们（或者那些保护自己远离苏拉的责骂的母亲们），现在再也见不到她了。紧张消失了，这也是她们努力的原因"。（*Sula*，p. 153）

小说的结局令人伤感。内尔意识到，在特定环境下，黑人妇女必须关注到她们本质的相似性。当她去看望苏拉的祖母伊娃·皮斯的时候，伊娃问起奇根·利特尔之死。伊娃唠叨着说，"你，苏拉。有什么区别吗？你在那里。你只是看着，不是吗？我，我再也看不到了"（*Sula*，p. 168）。内尔开始怀疑奇根之死给自己带来的快乐是否和苏拉的感觉一样，因为奇根溺亡牵连到了她和苏拉，而苏拉却总是把全部责任归于自己，内尔的无辜与苏拉的愧疚之间是有联系的，而这种认知也用另一种方式将她和苏拉联系在了一起。在苏拉葬礼后，忧伤的内尔终于意识到，"那段时间，我一直以为我在怀念裘德……我们两个姑娘在一起……哦，上帝，苏拉……姑娘，姑娘，姑娘姑娘姑娘"（*Sula*，p. 174）。她认识到，童年的友谊可以成为现在多重关系的根源。在内尔的呼叫中，反复出现的"姑娘"中不再有逗号，显示了女朋友之间越发亲近的关系。

莫里森对黑人女性身份认同的观点是明确的。像芭芭拉·史密斯、斯皮瓦克和胡克斯一样，她也承认所有的身份认同都是建立在失去与差异基础上，但她也表明，在诸如黑人妇女这样的底层人群中，这些知识是没有任何政治作用的。她声明，用黑人妇女身份认同的本质定义，并使之变得积极进步，就可以更有效地挑战白人异性恋的父权制。

与黑人妇女身份认同相关，莫里森也发展出了一种强烈的反本质主义的黑人男性身份认同。例如，裘德决定与内尔结婚，是把婚姻作为一种支撑自己缺失的男性气质的方式。当他得知，因为自己是黑人，所以永远不会被录用去新河公路工作的时候，他意识到，"他们两个一起会成就一个裘德"（*Sula*，p. 83）。与内尔结婚，内尔性别的弱势可以强化他的优越感，这一婚姻实际上揭示的是：裘德要依赖于一个底层却必需的"他者"来证明自己，因而他的身份认同是失败的。当苏拉再回到麦德林小镇的时候，她搅乱了裘德对自我作为一个与白人种族主义抗争的牺牲品的概念。

> 世界上所有事物都爱你。白人男人爱你。他们花费大量时间来担心你的阳具而忘记了自己的。他们唯一想做的就是砍掉一个黑人的阴部。如果这不是爱和关心，我不知道这还能是什么。至于白人妇女，她们满世界地追你们，在床下搜寻你们。我知道一位白人妇女，她晚上6点之后决不会迈出家门，因为她担心你们会有人抓到她。难道这不是爱吗？……有色妇女因为担心她们自己的健康，所以只是尽力抓着你们的袖口。就连孩子们，无论黑白男女，他们也对自己的童年深感忧伤，因为他们认为你不爱他们。如果这还不够，你们还爱着你们自己。这个世界上，没有什么会像一个黑人男人那样喜欢黑人男人。（*Sula*，pp. 103 - 104）

苏拉认为，白人种族主义者拒绝黑人男性气质，这可以类比于黑人妇女和孩子们对黑人男性的明显的谄媚。她表明，吸引与厌恶，依赖与独立，都是彼此相关的进程。这也质疑了，裘德是如何对待内尔的。在黑人男性身份认同的语境下，这一反本质主义的批判是强有力的。

玛格丽特·霍曼斯（Margaret Homans）将一些黑人女作家的作品描述为，建立起了"后现代与身份认同的人文主义之间的建设性对话，既没有将黑人妇女的身体降到底层或物质层面，另一方面，也没有将身体变得空洞无物"。① 她称这种处境为一种"实用主义的矛盾"②。对黑人妇女而言，如果放弃对黑人女性的身份认同的本质解释，那么，她们与白人和黑人男性的关系就会很危险，这正是反本质主义阐释的特点。莫里森建议，黑人女性身份认同应建立于生理体验和女性的友谊之上，这对于向种族主义和狭隘思想挑战是一种本质的策略。

第四节　后殖民女性主义的批判：《底层研究：
解构历史编撰学》

《底层研究：解构历史编撰学》（"Subaltern Studies：Deconstructing Historiography"）是斯皮瓦克关于后殖民批判的重要作品。在这里讨论斯皮瓦克的文章似乎有些显得不合时宜。因为，斯皮瓦克生

---

① Margaret Homans, "'Women of Color' Writers and Feminist Theory", *New Literary History*, 25 (1994), 73 – 94. Here p. 87.

② Margaret Homans, "'Women of Color' Writers and Feminist Theory", *New Literary History*, 25 (1994), p. 90.

于印度，在印度接受过教育，虽然她至今的大部分时间都是在美国生活和工作，但是，她的著作虽不是全部却是绝大部分与南亚文化有关。的确，斯皮瓦克的著作所显示的是与西方都市话语和概念并列之势，而且，她总是以一种完全不同于西方的"他者"身份，得出令人惊讶的结论。而她的这篇关于底层研究小组的文章是对南亚文化中的底层群体进行的马克思主义分析，这看起来与阅读非裔美国女作家托妮·莫里森的小说《苏拉》完全不同！那么，我们可以跟随斯皮瓦克的经历来运用她的理论文本，这并不是说要将殖民话语与被殖民话语相对立，而是进入一种"策略性的"阅读过程与体验。斯皮瓦克的文章主要关注早期殖民国家文化的理论与实践，当我们将她的文章与非裔美国女作家的文本《苏拉》放在一起来阅读的时候，我们就会进入一种文化冲突的阅读过程。

斯皮瓦克的《底层研究：解构历史编撰学》开篇就讨论了，底层研究小组所关注的在印度出现的反抗殖民主义的国家主义者。这个小组所凭依的理论是：农民的独立运动没有成功地转移开来，是因为农民阶级"意识水平"的局限性。[①] 因此，小组要建构一个"底层"（或低等）意识的视像，以一些固有的或本质上失败的方式，作为一种并不充分的革命。然而，斯皮瓦克也说明，"在小组的工作中，总是有一种对立的建议，即，底层意识依赖于精英欲望的宣泄，它绝不会完全恢复，它总是偏离它被公认的能指，实际

---

① Gayatri Chakravorty Spivak, "Subaltern Studies: Deconstructing Historiography", in *In Other Worlds: Essays in Cultural Politics*, London: Methuen, 1987, pp. 197 – 221. Here p. 200. 可参看佳亚特里·斯皮瓦克《底层研究：解构历史编撰学》，见《从解构到全球化批判：斯皮瓦克读本》，北京大学出版社，2007，第137～158页、第139页。

上，它在被揭示出来的时候就被涂抹掉了，而且它也不能简化为话语的方式"。① 换言之，斯皮瓦克将她所说的底层意识，指向了身份的概念与一个更后现代版的主体之间的核心冲突，冲突的前者看起来很像传统的本质、敌对、前话语本身等模式，而后者则是由包括殖民者权利在内的多重话语与影响构建起来的主体。对斯皮瓦克而言，对底层意识的后一个描述也可以被视为所有意识的一种模式，精英们对此也许全不赞同，但这是"所有思想与所有审慎的意识的困境的寓言"。②

斯皮瓦克表演了对后现代主体的解构。殖民者和大都市用其"恢复"的技术来"治愈"殖民的边缘，而不管这是否恰当或与实际相符。这的确是一种令人震惊的策略。然而，在这一点上，斯皮瓦克将她的论述扩展到了对底层研究小组的目标的保护，即在特定语境下政治的效用，"是在清晰可见的政治兴趣中，对实证主义的本质主义的一种策略性的应用"。③ 换言之，我们可以将底层意识与西方后现代对主体性的解构相等同，但它指向了一种政治对抗的目的。从激进派革命的观点来看，把力量和身份认同分配给那些在传统意义上从未拥有过这些的人们的做法是可行的，也因此，这些人要群起而反抗那些将他们视为无能的专横的冷漠。同时，将此作为对一些后现代理论的全球化趋势的批判也是可行的，这些后现代理论所描述的主体总是那些垂死的白人中产阶级，而这些理论也可

① Gayatri Chakravorty Spivak, "Subaltern Studies: Deconstructing Historiography", p. 203. 可参看佳亚特里·斯皮瓦克《底层研究：解构历史编撰学》，第 142 页。

② Gayatri Chakravorty Spivak, "Subaltern Studies: Deconstructing Historiography", p. 204. 可参看佳亚特里·斯皮瓦克《底层研究：解构历史编撰学》，第 143 页。

③ Gayatri Chakravorty Spivak, "Subaltern Studies: Deconstructing Historiography", p. 205. 可参看佳亚特里·斯皮瓦克《底层研究：解构历史编撰学》，第 144 页。

以再造出其所批判的那种元叙事。

斯皮瓦克在底层研究小组的工作中，也对谣言的地位与妇女的位置进行了独特的分析，这一分析正是她文章所得结论的基础。她提出，谣言的作用在于鼓动国家叛乱，这并不是如其所显示那样，由于它的"功能的直接性"（其实谣言不属于任何一种语言），而是因为它作为没有起源的"不合法书写"①的效用，无论其颠覆性如何，它都可以属于任何人，适用于任何目的。斯皮瓦克这一论述与德里达所提出的"语音中心主义"——认为言语比文字更高级一些，因为言语更接近于意义的本源——是有联系的。她选择将谣言与文字相关联，而不是与言语，由此，她将此类比于底层意识与殖民精英们和现代哲学的语音中心主义之间的关系。当转向妇女与区域的交换问题时，斯皮瓦克指出了底层意识的盲点，即"将作为女性（被性别区分的）主体的底层人简单地排除在外"。②她强调了在区域的交换中，妇女被用来调和父权系统的重要的结构性作用，然而，作为自身权利的主体，她只是一个工具，在交换中她是完全缺席的。

这篇文章整体上运用了一种双重策略，由此，底层研究小组的声明既是一种颠覆，又是一种支持，因为它初看来与小组本身的计划有差异，但是，后来显示了与之的完全相关。

第五节　结论

莫里森与史密斯、斯皮瓦克和胡克斯一道，都关注于对身份认

---

① Gayatri Chakravorty Spivak, "Subaltern Studies: Deconstructing Historiography", p. 213. 可参看佳亚特里·斯皮瓦克《底层研究：解构历史编撰学》，第150页。

② Gayatri Chakravorty Spivak, "Subaltern Studies: Deconstructing Historiography", p. 218. 可参看佳亚特里·斯皮瓦克《底层研究：解构历史编撰学》，第154页。

同的本质主义与反本质主义的考量。与她们一样，莫里森也让本质主义与反本质主义二者进行对话而不是对立，而且也展示了，在特定语境下，二者是如何发挥其恰当的政治效用的。对黑人妇女而言，如果放弃对黑人女性的身份认同的本质解释，那么，她们与黑人男性的关系就会很危险，而这正是反本质主义阐释的长处。莫里森因此建议，黑人女性身份认同建立于生理体验和女性的友谊之上，这对于向种族主义和狭隘思想挑战是一种本质的策略。但是，她的本质主义立场的批判也总是与之相去不远。玛格丽特·霍曼斯将派翠西亚·威廉姆斯（Patricia Williams，1951 - ）和爱丽丝·沃克（Alice Walker，1944 - ）的作品描述为，建立起了"后现代与身份认同的人文主义之间的建设性对话，既没有将黑人妇女的身体降到底层或物质层面，另一方面，也没有将身体变得空洞无物"。① 她称这种处境为一种"实用主义的矛盾"②。当然，将对话的概念应用于分析黑人女作家的作品，并非只有她一人。③ 不过，对于很多读者而言，很难将米哈伊尔·巴赫汀（Mikhail Bakhtin，1895 - 1975）的欧洲小说等同为非裔美国女作家小说。④ 这就会带来一种对文化特殊性的关注，而这类似于我们提到的斯皮瓦克的文章与莫里森的作品的关系。我们不妨将伊格尔顿的论述加以扩展，"有许多恰当的好的观念……指向了西方后殖民工业中更理想化

① Margaret Homans，"'Women of Color' Writers and Feminist Theory"，*New Literary History*，25 (1994)，73 - 94. Here p. 87.
② Margaret Homans，"'Women of Color' Writers and Feminist Theory"，*New Literary History*，25 (1994)，73 - 94. Here p. 90.
③ 另可参见：Mae Gwendolyn Henderson，"Speaking in Tongues：Dialogics，Dialectics and the Black Woman Writer's Literary Tradition"，in *Reading Black*，*Reading Feminist*：*A Critical Anthology*，ed.，Henry Louis Gates，Jr，New York：Meridian Press，1990，pp. 116 - 142。
④ Mikhail Bakhtin，*The Dialogic Imagination*：*Four Essays*，ed.，Michael Holquist，trans. Caryl Emerson and Michael Holquist，Austin：University of Texas Press，1981.

的雇员……市民国家中的少数种族与殖民地人民是不一样的"，而且，一位非裔美国女作家的写作也绝不同于一位欧洲白人作家或一位有南亚文化背景的历史学家。然而，我们也会发现，在黑人女性主义者的思想中，对话的观念是比较普遍的。派翠西亚·希尔·柯林斯（Patricia Hill Collins，1948 - ）提出，"对于黑人妇女，新知识很少产生于孤立的个体中，通常是通过与社区其他成员的对话而发展起来……对话的运用深深植根于非洲的语言传统与非裔美国文化之上"。① 因而，对话就成为解释莫里森的写作实践的恰当模式。借用史密斯的话来说，就是"在解释其他黑人妇女的作品时，首先来寻求一些先例和洞见"②。这与莫里森自己在写作《苏拉》时的处境一样，是一种策略性的选择。艾米·卡闵斯基（Amy Kaminsky）说，"迷恋，以致固定，种族介入女性主义实践的渴望"③，她又严厉批判了那些"收录了很多关于白人女作家文章的女性主义文学批评文集很少关注到种族的问题，这就遮蔽了种族身份的作家或主题的文章"④。显然，黑人女性主义的底层处境早已成为女性主义理论中的传统，卡闵斯基提出，"只有当我们将种族定义为易变的和多元的，我们才有望明白它与性别范畴的细微差异之间的相互作用"⑤。

这里，我们探明了种族作为一种范畴的本质的不定性，讨论

---

① Patrcia Hill Collins, "The Social Construction of Black Feminist Thought", *Signs*, 14 (1989), pp. 745 - 773. Here p. 763.

② Barbara Smith, "Toward a Black Feminist Criticism", p. 175. 可参看芭芭拉·史密斯《黑人女性主义评论的萌芽》，第 108 页。

③ Amy Kaminsky, "Gender, Race, Raza", *Feminist Studies*, 20 (1994), 7 - 31. Here p. 9.

④ Amy Kaminsky, "Gender, Race, Raza", *Feminist Studies*, 20 (1994), 7 - 31. Here p. 9.

⑤ Amy Kaminsky, "Gender, Race, Raza", *Feminist Studies*, 20 (1994), 7 - 31. Here p. 9.

了它无序结构的重要性，并提出它与一些影响因素之间的相互联系，也阐明了，在特定的政治和散漫的语境中，对于种族主义、异性恋和父权制的不同的策略性的回应。我们也试图推进黑人女性主义与后殖民理论的对话，同时也认识到了它作为一种独立的传统的重要性。

中篇　性别视角下的天津文学

引言
地域文学的文化自觉

"文化自觉"作为一个概念是久已存在的，但把文化自觉作为一种文化观念与理论，并将之推进为一种学理、学术和文化思潮，应当归功于著名人类学家费孝通先生。他的"文化自觉"的提出，是基于这样的思考，"各民族开始要求自己认识自己的文化，提出一系列的问题：为什么我们这样生活？这样生活有什么意义？怎样发展下去？"在此基础上，我们所应坚守的文化自觉就存在两条进路。一是要充分了解各个国家、各个地区的文化差异，以正确对待别人的文化，只有进行了深入的比较研究，才能达到充分的文化自觉；二是用科学的态度去体会、去认识、去解释自己的文化，唯其如此，我们才能在文化自觉中发出自己的声音，拥有不可替代的发言权。那么，按照费孝通先生的观点，"文化自觉"就是指，一个民族或者生活在一定文化历史圈子的人对其文化有自知之明，并对其发展历程和未来有充分的认识。换言之，就是要达到文化的自我觉醒、自我反省、自我创建，要清醒地认识到文化和文明之于人类的必不可少。人类一旦失去文化自觉，便会陷入迷茫、杂乱无序、失去自我，甚至可能重返愚蛮。

在中国文学艺术界联合会第九次全国代表大会、中国作家协会第八次全国代表大会上，胡锦涛同志发表了重要讲话，他的讲话更应该被看作对党的十七届六中全会提出的"文化自觉"的理论延伸和深刻解读。他在讲话中尤其强调了广大文艺工作者要主动承担四个"历史责任"，即用社会主义先进文化引领社会进步，为人民抒写、为人民放歌，推进文化创造，弘扬文明道德风尚。这四大历史责任，是文化自觉的主体范畴，是文艺工作者的使命与任务。历史责任的担当是一个艰辛的过程，文化自觉也是一个逐步实现的艰难过程。因此，作家更要明确在"文化自觉"理论指导下进行创作的使命，要保持在文化选择、艺术追求上的觉悟和觉醒，真正认识到文化的重要性并自觉地去承担。

文化是一个地域的重要标识，也是作家创作的母题，它决定着创作者的价值取向与审美取向。对于地域文学作家而言，体现在写作中的文化自觉，就要求他们更加自觉地在文本中记述、思考本地域的文化。这种行为从表面上看，是面对外来的异质文化冲击时所做的一种本能的自卫反应，在保持自身文化的同时，试图形成文化的多样性。然而，探究其深层的原因，我们会发现，文化自觉体现出的是地域文学作家要解决全人类精神问题的一种努力，即作家们在自觉思考着个人的民族身份与人类精神世界的联系，力求在一个宏大的文化场域中表现自我个体和民族地域文化，从而试图解决人类精神中的种种困境和迷惑。所以，作家首先要做到文化自觉，唯此才能走向思想的深刻。

"文化自觉"的热议，并不意味着作家们现在才开始在写作中体现文化自觉。其实，在中国现代文学史上，很多作家在他们的创作中一直在坚守着文化自觉。鲁迅曾说，"采用外国的良规，加以发挥，使我们的作品更加丰满是一条路；择取中国的遗产，融合新机，使将来的作品别开生面也是一条路"。鲁迅的这种观点，其实与我们今天所说的文化自觉是完全一致的。

这里，我们简单地分析三位天津当代女作家的创作，透过她们的作品来考察作家在创作中的文化自觉。之所以做出这样的选择，是为了尽可能地把地域文学中所涉及的文化范畴包括其中，即地域文化、时代特征、性别身份。

津沽大地的文化是有多种味道的，或侠或闲或俗，不一而足，而航鹰的市井民俗文学，却表现出了天津市井文化的"真"味。市井是小市民赖以生存的文化空间，航鹰在创作中，总是将现实生活与社会思潮结合，铺衍出世态人情与市井文化的生态景观。例如，创作于1970年，以宣扬"计划生育好"为主题的独幕喜剧《计划计划》；创作于1989年，反映改革开放十年后的个体经济发展的小说《过街雨掉钢镚儿》。喜剧、闹剧的表现形态本身就是"津味儿"的一种，而对当下市井生活的细描更显示出了浓郁的现实主义色彩。航鹰既了解天津民俗的历史沿革，又关注其与乡土社会的深层联系，故而，她能够准确把握天津市井文化不土不洋、亦土亦洋的特色。由此体现出了一位地域文学作家表现地域文化的自觉。

戴锦华将"女性写作"视为"旨在发现未死方生中的女性文化的浮现与困境，发现女作家作品中时隐时现的女性视点与立场的流露，寻找女性写作者在男权文化及其文本中间或显露或刻蚀出的女性印痕，发掘女性体验在有意无意间撕裂男权文化的华衣美服的时刻或瞬间"。① 依此，赵玫的"唐宫女性三部曲"（《武则天》、《上官婉儿》、《高阳公主》）就是一种以历史为背景的女性写作。赵玫在谈及自己的历史观和创作观时说过，"我必须摆脱那种貌似正统公允的男权历史的圈套"，而她所做的就是"尽力从一个女人的角度去诠释"自己眼中的这三位历史女性。赵玫用现代观念诠释了她们的思想、爱恨，用女性视角观照了她们复杂的情感生活和久被忽略的精神世界，最终完成了一部中国女性与政治的纠缠史。由此表现出的是一位地域文学作家对于社会性别身份的文化自觉。

在当今全球化的时代，我们要尊重文化的多样性，各个国家、各个民族、各个文化群体之间，既要充分认识和坚守自己的文化，又要善于学习借鉴他人的文化，彼此尊重、相互学习。因此，作家的责任和义务就是要充满同情和爱地去努力了解别的文化，然后去挖掘、表达和叙述。宋安娜的纪实文学作品《神圣的渡口——犹太人在天津》就是立足于天津文化对犹太人的文化观照。作者通过对犹太人在天津生活的复现，展现了独特的犹太文化，更展现了天津博大宽容的文化传统。同时，这部作品也拓展了"津味儿文化"的内涵，使五大道、小洋楼等一度被视为异己的"他者"文化也打上了津味儿文化的印记。由此展示出的是一位地域文学作家对于时代特征与世界情怀的文化自觉。

在上述三位天津当代女作家及其作品中，我们看到的已经不仅仅是具体的文化事实了，更多的是一种文化自觉的精神。作家及其创作向我们反映出的事实是：作家在一种更高的层面上对发扬地域

---

① 戴锦华：《涉渡之舟：新时期中国女性写作与女性文化》，北京大学出版社，2007，第16 页。

文化、传承民族文化、表现个体文化所做出的努力。这一事实折射了一种精神：地域文学作家在新的时代背景下的恢宏的文化气度和开放的写作心态，这就是文化自觉。

当然，地域文学作家之文化自觉的实现并非易事。这要经历一个艰难的历程。实现文化自觉的第一步是认识自身的文化、地域民族、时代历史、个体生命等，并根据其对文化环境的适应力而有所取舍；第二步是要理解所接触的外来的"他者"文化，善于取其精华、去其糟粕；第三步也是最后一步，当自身文化与他者文化都内化为作家的自觉之后，一种真正的文化自觉才得以在作家的创作中体现出来。

要之，文化自觉是创作主体完全由灵魂深处所产生的对文化的欲望和诉求，这是一种带有原发性的冲动和力量，是作家生存的需要，也是生命存在的方式。对地域文学作家及其创作而言，一种开放而包容的、科学的文化自觉，必然要自觉到自己文化的个性特征，深刻理解、把握地域文化的地域性，因为，没有文化个性，就没有文化身份和文化独特的意义；也必然要自觉到自己文化的普适价值，理解和意识到地域民族文化对人类文化的贡献，理解其中的人类性和普适性。

第三章

革命战争年代的老中青三代女性：
以梁斌的创作为例

在老一代天津作家中，梁斌是将文学与生活结合得最好的作家之一，他将现实的空间写进了文学的空间，并在文学的空间记录下了革命战争年代的人们。提到《红旗谱》这部描写农民革命的红色经典，我们总是会首先想到梁斌塑造出的一个个鲜活的男性农民英雄的形象，尤以朱老忠等男性为代表，这些人物使小说充满了阳刚之美。然而，我们如此"男性化"的解读，却总是会使得这些充满阳刚之美的男性的身影，有意无意地遮蔽掉那些栩栩如生的女性形象。其实，梁斌先生对女性是颇为关注的，他在《一个小说家的自述》中说，他记忆中的"母亲和几个嫂子、姐姐、侄女，都穿着青蓝色粗布旧衣衫，有的穿得破破烂烂的。她们各有各的性格、思想和命运。我非常同情这些旧社会的妇女"。正是因为对母亲和嫂子、姐姐，以及侄女如此深刻的记忆，所以，梁斌在创作《红旗谱》的时候，自然会将他对农村女性的同情写入作品中，也将这些处于社会和家庭底层的女性的性格、思想和命运表现在严老奶奶和贵他娘，以及春兰和严萍的身上。更为可贵的是，梁斌并没有将作品中的女性脸谱化，做简单处理，而是精心写出了老、中、青三代女性各不相同的个性和命运，严老奶奶身处苦难的"老世界"，心中时刻牵挂着老伴和儿孙，唯独"无我"。贵他娘身处战乱频发的年代，不得不考虑自己的生存，是"有我"的中年女性。青年女性春兰、严萍身处新旧交替的革命时代，追求思想和爱情的自由，显示出了对女性独立"自我"的渴盼。这些差异明显地带有时代文化的烙印，当我们进一步审视这三代女性的变化背后的深层原因时，便可发现其根源在于中国历史的变革，一定意义上，显示出了时代与历史的变迁对女性的个性命运与婚姻家庭观念的巨大冲击。作者也正是通过这些女性形象，为我们展示出了《红旗谱》的阴柔之美，从而使这部史诗性的作品，充满了阳刚与阴柔的和谐。

第一节 严老奶奶：苦难历史中的"无我"

《红旗谱》中，老年女性的典型代表就是严老奶奶。她是从清末过来的人，经历了此后中国历史上太多的苦难，因为时代的巨大变革和社会的不稳定，她家境贫寒，依靠租种地主的土地来生活，背负着沉重的税赋，还要忍受亲人的离别，而她的称呼，也从最初的"老祥大娘"变成了"严老奶奶"。因此，梁斌在她身上写出了中国传统女性的美德：勤劳、隐忍、慈祥、仁爱。然而，与此同时，作者也在她身上写下了贫苦女性的不幸命运，凝聚着作者对旧社会农村女性的深切同情。

严老奶奶颇具中国传统女性的美德。她勤劳隐忍，在朱老巩大闹柳树林之前，她劝他说，"几辈子都是这么过来的，还能改变了这个老世界?"① 在她的思想中，人是无法改变世界的，因此不如安心于现状。而在她的丈夫严老祥执意要离开家乡独闯关东时，她更是用农村女性独有的方式来极力劝阻，"今年年景不好，还有来年。田地上长不出东西，咱养梨树。梨树上长不出东西，咱学治鱼"，② 而且她还去邻家借了半斤面来做吃的，希望自己的丈夫能够回心转意，守着老婆孩子过日子。当严老祥义无反顾地背着铺盖卷离开之后，她坚强地撑起了这个家，独自带着儿孙们度过苦难的岁月，培养儿孙们长大成才。在她用自己艰辛的劳作维持这个家的时候，她也会常常想起独闯关东的老伴儿，但她也只是用含蓄的方式来表达自己的思念之情，"甭说他！甭说他！老头子坏了良心"，"老头子没良心的！没良心的！"③ 在嗔怪和责骂中表达了自己特殊的感情。

而作为一位母亲、长辈，她更是将自己深切的慈祥与仁爱投注到了儿孙辈的身上。当他们的兄弟朱老巩去世之后，他的一对儿女——小虎子姐弟俩走投无路的时候来投奔严家，她毫不犹豫地收留了他们，并连夜为小虎子准备行囊，帮助他逃离险境；而三十年后，长大了的小虎子——朱老忠重回故乡时，她又用自己宽厚的母性帮助他们一家。当自己的孙子运涛降生时，"她喜欢得什么儿似的，好不容易才当上奶奶了。她亲手在窗棂上拴上块红布条，在小杨树上拴上一条绳，晾上运涛的红兜兜绿褂褂。……过了几年，媳妇又生下江涛。她亲手抱大了运涛，又抱大了江涛"。④

---

① 梁斌：《红旗谱》，中国青年出版社，1978，第 4 页。
② 梁斌：《红旗谱》，中国青年出版社，1978，第 33 页。
③ 梁斌：《红旗谱》，中国青年出版社，1978，第 43 页。
④ 梁斌：《红旗谱》，中国青年出版社，1978，第 43 页。

在苦难与战乱的历史时期，这样一位勤劳而慈祥的女性，却无法逃避现实生活的种种磨难，她要接受地主恶霸冯老兰的欺诈与压迫，要忍受因战争和变乱而带来的亲人分离。她饱经风霜，与自己的老伴儿最终也未能见面，风烛残年之际，当听到自己喜爱的孙子运涛被关进监狱的消息时，再也经受不起命运的任何波折，带着遗憾与牵挂撒手人寰。

在严老奶奶身上，梁斌倾注了自己对遭受命运不幸的老年女性的深切同情，这种命运的形成是有其历史根源的。中国封建社会男尊女卑的传统在严老奶奶这一代女性身上有着深深的印记，落后、封闭的生活环境也必然对她们的思想有一定的制约和影响。在家庭关系中，无论是夫妻还是母子，女性在其中都是从属项，她们是依附于男性而存在的，她们因此形成了性格中的隐忍。当这种思维成习惯之后，她们很自然地就会"无我"——忽视自我的存在，她们在考虑问题的时候，想到的是老伴儿、儿孙，而自己则是不被考虑到的。这样的女性是伟大而令人敬佩的，然而，对于个体的女性而言，失去自我的存在，则是让人感到有些悲哀的。但是，这就是时代与历史所致的真实的文化现象。

第二节　贵他娘：战乱中的"有我"

《红旗谱》中的中年女性以贵他娘最为典型。这一代女性饱受战乱之苦，他们可以说经历了中华民族危机加深、资本主义产生、义和团运动等重大的历史变故。在帝国主义和封建主义的双重奴役压迫下，广大农民生活在水深火热之中，一些有觉悟的农民开始勇敢地奋起反抗。这些中年女性与老一代人一样，勤劳朴实，终日劳作于田间和锅台前，在生活的重压下，她们没有过多的奢望，只是希望一家人有吃有喝，安安稳稳地过日子。然而，历史终究已经发生了改变，战乱也会让人珍惜感情，这些女性在穷困中讨生活的时候，还总是会想起自己年轻时的美好时光，丈夫对她们多有疼爱和怜惜，孩子们也健康能干，这些幸福感足以让这些中年女性忽略掉生活中的一些不如意。她们在艰苦的生活中开始意识到女性自我个体的存在，有了"我"的概念。

小说中，贵他娘的出场非常生动。

> 这时候，一个中年妇人急忙走过去，揉着朱老忠的肩膀说："醒醒儿，你是怎么了？"见朱老忠满脸通红，睫毛上吊着泪珠子，忙递过一块花条子粗布手巾，说："快擦擦，你看！"那妇女有三十六七岁年纪，高身干，微褐的脸色，满脑袋黑油油的头发。说话很是干脆响亮，一腔外路口音。……
>
> 妇人伸手给他掩上怀襟，说："看你，叫风吹着了！"①

这急急忙忙的一串动作，写出了贵他娘对朱老忠细致的关爱，而她嗔怪的语气也体现出了朱老忠对她的怜惜。贵他娘是关东人，这个苦命的女人也经历了很多的曲折，打小没了娘，爹又穷，十七岁的时候就把她嫁了人，前夫不幸去世，留下她一个寡妇带着一个瘦弱的女儿，不久这个女儿也因为饥饿而夭折，家族长又趁机企图欺侮她，就在她要寻短见之际，遇到了在关东闯荡的朱老忠。两个苦命的人结为了夫妻，他们都经历过生活的苦难，也分外珍惜彼此

---

① 梁斌：《红旗谱》，中国青年出版社，1978，第16页。

的感情。

当他们的儿子大贵就要被招兵走的时候，朱老忠发愁心闷不吃饭，于是，贵他娘施展出了为人妻的女性魅力，命令朱老忠，"给我吃了！看看你，遇上一点小事就不好好吃饭，吃了！"当她看到大家都在看她时，脸红了，说："你不知道他这个性道，就是得管着点儿，不能光由着他。"① 这一系列的命令、脸红和解释，充分展现出了贵他娘与朱老忠之间和谐而亲昵的夫妻关系。同时，书中对女性婚姻的描写，恰恰丰富了朱老忠等农民英雄的形象，使他们的情感世界更加生动，也使人物更为真实。

这一代女性相对于老一代而言，社会政治经济文化背景有很大差别，此时期中国的社会经济、阶级关系、政治舞台及思想领域都发生了重大变化；从社会运动态势看，既有沉沦，也有发展。虽然她们经历了战乱，生活发生了变化，但也正因如此，朱老忠和贵他娘以前的生活环境才会被根本打破，社会环境也发生了很大变化，在这个变化中，贵他娘必须考虑到自己的生存。因此，这一代女性的个体存在意识凸显了出来，在她们的思维中逐渐开始有"有我"的存在。

第三节　春兰、严萍：革命中的"自我"

小说中，春兰和严萍可以说是青年女性的典型。这一代女性很多都见证并亲历了中国的革命，此时期在社会生活各个领域，尤其在政治上变动极大，女性在这个过程中，追求到了自由的爱情，体

---

① 梁斌：《红旗谱》，中国青年出版社，1978，第124页。

现出了女性的"自我"。梁斌在《漫谈〈红旗谱〉的创作》中曾经说："书是这样长，都是写阶级斗争，主题思想是站得住的，但是要让读者从头到尾读下去，就得加强生活的部分，于是安排了运涛和春兰、江涛和严萍的爱情故事，扩充了生活内容。"① 这就使得小说具有了一种来自生活的真实性和丰富性。如梁斌所言，作为生活内容的一部分，运涛和春兰的爱情、江涛和严萍的爱情是《红旗谱》的一个看点。应当说，春兰、严萍的爱情都源自男女彼此的人格吸引，她们已经开始摆脱封建的父母之命、媒妁之言对婚姻的规定。

春兰是一个敢于反抗旧的思想和习惯势力的农村女青年。运涛自幼抱负深远，喜欢看书写字，向伙伴们讲述历代英雄故事，这些自然博得了开朗、聪明的春兰的好感和喜爱。"（春兰）帮着运涛织布，两个人对着脸儿掏缯，睁着大眼睛，他看着她，她看着他，掏着缯着，就发生了感情。"而春兰也在为运涛绣鸟笼时，憧憬着未来幸福美好的结合；当她从运涛那里接受了革命思想之后，马上心向往之，还将"革命"二字写在蓝布褂上，表示一心革命。

> 她（春兰）这几天又做了一件蓝布褂，去找运涛写两个字儿绣上去。运涛问："写什么字儿？"春兰说："革命。"运涛问："写这字儿干吗？"春兰把嘴一扭，说："你甭管。"她拿回去偷偷地把这两个字用白色的丝线绣在怀襟。表示她一心向往革命，不怕困难。又表示她迎"新"反"旧"，勇往直

---

① 梁斌：《漫谈〈红旗谱〉的创作》，载《梁斌研究专集》，海峡文艺出版社，1985，第24页。

前。正当药王庙大会上，她把这件新做的褂儿穿出去。这一下子，把一个庙会哄起来：人们认得出来，是运涛写的字。……（春兰）睡不着觉的时候，就说："你想革命了？"①

春兰这种勇敢的表现，更加博得了运涛对她的喜爱，他因此更加骄傲了，因为他培养出了这样敢于向旧社会挑战的人。

运涛去参加革命军，向春兰辞行，春兰眼看着心上人要远行，还是说："你去吧！把封建势力、土豪恶霸们都打倒，我们才能得到解放。"② 当知道运涛被捕入狱后，面对多方面的压力，"春兰一心要等着运涛，这人儿把感情看得特别重，她看中了的人，就一心一意，受多大折磨也得爱他。她看不中的人儿，就是家里种着千顷园子万顷地，她也不干"。③ 这显现了一位农村姑娘所具有的"富贵不能淫，威武不能屈，贫贱不能移"的美德和品行。她勇敢地追求自己所希望的幸福和自由，勇敢地反抗外界的各种阻力。

与春兰相对应的，是出身小资产阶级知识分子家庭的严萍。她就读于能够吸引民主进步思想的女子第二师范，父亲是一位"对军阀政客疾恶如仇"的国文教师，严萍因此形成了单纯而真诚的性格。江涛是运涛的弟弟，生性稳重，心思细密，在地下党人的帮助下，考入了具有光荣传统的保定第二师范。他们二人由最初的互相倾慕到后来的心心相印，而至携手革命。在真爱的过程中，严萍向江涛提出想参加革命，江涛问她为什么，严萍说："因为你革命。"严萍是因为江涛而革命的。江涛爱严萍，自然接受她的要

① 梁斌：《红旗谱》，中国青年出版社，1978，第137～138页。
② 梁斌：《红旗谱》，中国青年出版社，1978，第154页。
③ 梁斌：《红旗谱》，中国青年出版社，1978，第304页。

求，为了爱情，他"思想上产生一个愿望：尽一切能力帮助她进步，引她走向革命，锻炼成一个好的革命者。于是，把革命的经验传授给她，把革命的心情倾吐给她，把新的心得描述给她"。① 爱情促成了革命，革命又丰富了爱情，这样的爱情是别样的。因此，革命虽然残酷，却因为爱情故事而具有浪漫色彩。

春兰和严萍，在革命中，表现了革命者所具有的坚定；在爱情中，也表现了女性所独有的执着。这就使得她们在革命与爱情中，体现了作为个体存在的女性"自我"。

第四节　三代女性两个梦：从"家庭梦" 到"中国梦"

梁斌的"红旗谱三部曲"（《红旗谱》、《播火记》、《烽烟图》）描写了冀中平原两家农民三代人和一家地主两代人的尖锐矛盾斗争，生动地展示了当时革命运动的壮丽图景，成功地塑造了三代农民的英雄形象，谱写了一曲曲英雄颂歌。小说中的主要角色都是男性英雄形象，但也不乏鲜明生动的女性形象。当男性英雄们在革命理想的引导下，摆脱了小农经济的狭隘观念，为民族解放、国家独立的伟大梦想抛头颅洒热血时，英雄身边的农村女性也走出了相夫教子的封建传统，梦想着自由解放、男女平等的美好生活。《红旗谱》中描写了三代农村女性形象。第一代指的主要是"老祥大娘"，一个勤劳、隐忍、慈祥、仁爱、"无我"的老奶奶形象；第二代以小说主角朱老忠媳妇"贵他娘"和严志和媳妇"涛他娘"

---

① 梁斌：《红旗谱》，中国青年出版社，1978，第412～413页。

为代表，是日渐意识到女性自我个体存在的"有我"的中年女性形象；第三代的典型是春兰和严萍，她们"见证并亲历了中国的革命，此时期在社会生活各个领域，尤其在政治上变动极大，女性们在这个过程中，追求到了自由的爱情，体现出了女性的'自我'"。[①] 三代女性的生活梦想各不相同，第一、第二代女性的梦想明显打上小农经济的烙印，她们憧憬的是相夫教子、和平安稳的日子；而第三代女性在革命理想的激荡下，不仅考虑到"小我"的人格独立、思想自由，更开始自觉地追求民族的解放、国家的独立，由"小家"的家庭梦转向了"大家"的中国梦。习近平总书记说，中国梦"是每一个中华儿女的共同期盼，每个人的前途命运都与国家和民族的前途命运紧密相连"。[②] 这用在"红旗谱三部曲"中那群勤劳善良的农村女性身上颇为适合。在国家民族危亡的时刻，她们也在为共同期盼的中国梦做着应有的贡献。

一　老一代女性的"家庭梦"

小说中，第一、第二代女性可称为老一代女性，她们最大的梦想就是一家人团聚，平平安安地过日子。"红旗谱三部曲"第一部《红旗谱》开篇，老祥大娘出场前，朱老巩正下决心舍命护铜钟，要跟大地主冯兰池斗争到底。老祥大娘于是劝说道："老巩！算了吧，忍了这个肚里疼吧！咱小人家小主的，不是咱自个儿的事情，管得那么宽了干吗！"[③] 当朱老巩坚持要抱打不平时，老祥大娘继

---

① 李进超：《"无我"，"有我"与"自我"——〈红旗谱〉中女性形象的文化分析》，《兰州学刊》2010 年第 6 期。

② 习近平：《建党百年时小康社会一定建成》，《人民日报》2012 年 11 月 30 日。

③ 梁斌：《红旗谱》，中国青年出版社，2000，第 5 页。

续劝说："算了吧，兄弟！几辈子都是这么过来的，还能改变了这个老世界？"① 显然，在老祥大娘的眼里只有"小人家小主"，为此她愿意隐忍一切。当严老祥不顾一切地离家出走闯关东后，她则艰难地守护着家庭，帮儿子严志和娶媳妇，又亲手抱大了两个孙子运涛和江涛，"小杨树一房高，嫩枝上挑着几片明亮亮的大叶子的时候，把涛他娘娶了来，住在这小屋里。自从那时，她做活做饭，才算有了帮手。小杨树冒出房檐高，叶子遮成荫凉，风一吹叶子哗啦啦响的时候，媳妇生下运涛。她喜欢得什么儿似的，好容易当上奶奶了。她亲手在窗棂上拴上块红布儿，在小杨树上绑条绳儿，晾上运涛的红兜兜、绿褂褂。……过了几年，又生下江涛。她亲手抱大了运涛，又抱大了江涛"。② 这个小家庭就是老祥大娘的一切。老祥大娘的儿媳涛他娘也是如此，"她做小姑娘的时候，就针头线脚不离手。过得门来，一年四季不离三台（锅台、碾台、磨台），一天到晚没个空闲。"③从老祥大娘到儿媳涛他娘，女性的悲苦命运代代传承。

老祥大娘、涛他娘的人生理想跟她们的身份地位密切相关。老一代女性的生活理想在很大程度上取决于封建社会的道德伦理观念——这是以儒家伦理为观念架构，以宗法血缘关系为社会依托，以传统中国人的道德价值观和行为的道德抉择为导向的完整的伦理体系，它在本质上为男权中心思想所主导，对封建女性形成了全面的压制。在人类生存中最基本的两项对立就是男性与女性的二元对立，父权社会则使这种对立走向极端。法国女性主义理论家埃莱娜·西苏曾指出："在这致命的二元区分中，阴性词语的那一方总

---

① 梁斌：《红旗谱》，中国青年出版社，2000，第5页。
② 梁斌：《红旗谱》，中国青年出版社，2000，第39页。
③ 梁斌：《红旗谱》，中国青年出版社，2000，第40页。

是逃脱不了被扼杀、被抹除的结果。"[1]《红旗谱》中老一代女性"被抹除的结果"就是都处于"无名状态"——运涛娘、大贵娘、春兰娘，虽是小说的重要人物形象，也都没有自己的名字。在中国封建家庭金字塔式的结构中，女性被压在底层，没有独立人格和意志，没有接受教育和自我选择的权利，甚至没有自己的名字。这种"无名"本身就是对女性底层社会地位的贴切反映。

具体来说，小说中的老一代女性难逃"族权/父权"、"夫权"、"子权"这三大封建绳索的绑缚。族权/父权是具有生杀予夺的权力。春兰跟运涛私自约会，被冯兰池告密，春兰的父亲老驴头大发雷霆，大打出手，他"一把抓住春兰满脑袋头发。这时，他满脸胡髭乍起来，脸上的皱纹像张开了嘴，浑身抖颤着。他不肯一下把春兰杀死，扬起锨柄，在她身上乱打……老驴头一个人，在大堤上折掇春兰。春兰说：'爹，家去打我吧！'他不肯，直打，直打。春兰咬着牙，闭住嘴，憋红了脸，鼻子气儿不出。她并不后悔。老驴头看看春兰没了气儿，才扯着一条腿，像拉小猪子一样拉回家去。刚拉回家，春兰又还醒过来。老驴头把锨刃放在春兰脖子上"[2]。要不是考虑到春兰是独女，而他百年之后还得需要个烧纸人，老驴头估计一刀就把春兰给铡了。而且，死罪虽免，活罪难饶。老驴头最终还是不顾死活地把皮开肉绽的春兰锁在了板箱里。当然，族权/父权并不只是针对女性，也针对男性，只不过女性更加无助，受压制更深重。同样是约会，运涛却没有受到来自父母的任何压力，相反，他父母还交代江涛不要打扰。这同春兰的"苦命"形成了鲜明对比。

---

① Pam Morris, *Literature and Feminism*：*An Introduction*，Lyon：Breakwill Press, 1993, p. 122.
② 梁斌：《红旗谱》，中国青年出版社，2000，第127页。

　　夫权对老一代女性的影响最大，"从夫"就是她们的宿命。贵他娘原本是个寡妇，一个人忍气吞声过日子，青天白日都插着门，夜晚把门闩结实才敢睡觉，可以说生不如死，直到嫁给了朱老忠，生活才算有了意义。结婚时本已说好，不能离开她的家乡，但当朱老忠决意返乡时，她也只能随夫前往。生活中，像贵他娘、涛他娘这样的中年女性，虽说已有了一定的存在感，但显然还没有完全独立的自我意志，更遑论话语权。她们只能围绕着男人转，大多数时候生活的意义就取决于男人的存在。

　　子权大多数情况下都会披着冠冕堂皇的母爱的外衣，似乎女性完全是主动的施予。但事实上，在封建伦理道德的规范下，女性离不开丈夫，更离不开子女。运涛离家从军，多年后收到他的家信，涛他娘敞开了"一个母亲的心"："当她还年轻，运涛还在她肚子里蠕动的时候，就偷偷为他打算；穿什么样的衣服呀、什么样的鞋袜呀……翘起手指头，把各样花色绣在红兜肚、绿褂褂上。那时，她还不知是男是女，但她的心上总是偷偷笑着。她忍受了几日夜的疼痛，不眠不睡。当运涛降生了，男孩子生得还漂亮，像爸爸一样，活眉大眼儿。她轻轻拍着运涛，笑着说：'咳！孩子，娘可是不容易哩！'冷天，把他放在暖地方。热天，把他放在凉地方。有个灾儿病儿，她会提着心，几天不吃饭，把孩子揣在怀里，拍着，叫着。孩子长大了，眨眼不见，她满世界去找。心上嘀咕：这孩子，他又到哪儿去了？天黑了，不见回来，就走到大堤上去望着。你想，运涛失踪了，怎不像割她的肉哩！她怎样忍过那长长的夜晚？盼一天比过一年还难。"[①] 这固然可以说是伟大的母爱，却更

----

① 梁斌：《红旗谱》，中国青年出版社，2000，第144页。

是女性和母亲的无奈。男人们可以自由地离开，而女性在失去丈夫后，只有子女可依赖，倘若再失了子女就不啻生命的结束。事实上，严老奶奶正是在听到孙子运涛入狱的消息后，"截止了她生命的活动"。

由上可见，老一代女性不仅要和男性共同承受生活的艰辛，还要遭受封建伦理的无情压制，其生存之艰难可想而知，由此就不难理解涛他娘绝望的叹息了："咳！为起个女人哪，真是不容易！下辈子再托生的时候，先问问阎王爷，他要叫我托生个女人，我愿永远在阴间做鬼。"① 如此压抑的女性，岂能有心怀天下的中国梦？封建伦理道德观念极大地挤压了老一代女性的生活空间，使她们的人生理想只能局限于狭隘的小家生活。要想确立更大的生活理想，就必须首先打破这种"小人家小主"思想观念，而这正是第三代女性——春兰们所要做的。

二 新一代女性的"中国梦"

现代女性主义观点认为，基于生理差异的男人和女人，在社会中因其所被赋予的社会文化意义的不同，而被区分为男性和女性，因而在社会中扮演了不同的性别角色。"每种性别都有各自的强势和弱点，男人和女人彼此互补，对另一性别的任何贬低或者歧视因此都是毫无基础的骄傲，也是对对方不公平的伤害。"② 但在封建社会，两性的不公以及对女性的贬低、伤害已然是不争的事实。更悲哀的是，女性完全接受了这一事实。千百年来，中国妇女在儒家

---

① 梁斌：《红旗谱》，中国青年出版社，2000，第50页。
② 卡尔·白舍客：《基督宗教伦理学》，静也、常宏翻译，上海三联书店，2002，第440页。

女教的教诲下，主动认同了宗法社会男尊女卑的伦理价值观念，正是这种价值上的认同意识将妇女塑造成一个有着自觉意识的群体，女性主动顺从这种价值规训，失去了对男尊女卑文化观念的反思能力。《红旗谱》中的老一代女性就处于这样一种生存状态中，她们是传统的贤妻良母，本着自我牺牲的精神相夫教子，认为这才是一个为人妻、为人母的女人应尽的责任，从没想过要改变现状，也不可能有什么远大的理想。

但是，以春兰、严萍、金华等为代表的新一代女性则逐渐意识到，女性应该具有和男性同样的自由、个性、独立，同时也具有作为一个人的责任与义务。就是把女性当作"人"来平等对待，既不贬低女性的社会地位，也不刻意拔高女性的价值。新一代女性同老一代女性最大的不同在于，她们成长于革命斗争风起云涌、共产主义运动蓬勃发展的变革时代，革命运动削弱了传统族权/父权、夫权、子权对女性的控制，使女性得以走出家庭、走向社会。女性由此获得了极大程度的解放，她们不仅冲破了"女子无才便是德"这一道德律条，甚至在奉献社会的层面上达到了与男性同等的高度。这种女性从传统家庭模式走向社会的情结本身就包含了对女性性别主体的伸张和解放，从而给几千年来的男权文化系统造成了前所未有的震荡。随着思想观念的更新、社会环境的变化，女性对生活的预期也相应地发生了变化，她们也可以像男人们一样，走出狭小的生活空间，去参加革命运动、闯荡天下，憧憬一个伟大美好的中国梦。只是相较男性的自由不羁，身被多重束缚的女性追求生活理想的历程倍加艰辛。

春兰是家里的独女，本应受到父母加倍的呵护，但她是个女孩，生活因此愈加痛苦。一方面，她必须像男孩子一样下田下地，当牛做马地干农活；另一方面，又不得不承受男尊女卑思想的歧视，既不能像男孩子一样在野地里撒欢，还得被父亲无情地打骂。作为一个女孩特别是作为一个独生女在家庭中的存在几乎就是无尽的痛苦。但尽管如此，成长于这种环境下的少女春兰，还是像老一代女性一样，不可避免地有封建伦理思想。朱老忠带着贵他娘回到老家锁井镇，春兰对贵他娘的评价是："虎子大婶人儿还不错，就是两只大脚片儿！"① 对贵他娘"大脚片儿"的挑剔，同老祥大娘的看法竟然如出一辙。作为农村女孩，春兰的理想离不开看瓜护院，"夏天在园里搭上个小窝棚，她坐在窝棚上做针线，守着一只老母鸡在斗子里孵着一窝小鸡儿。鸡娃出来了，慢慢地长大了，有黑的、白的、黄的，芦花的……满世界乱跑，吱吱叫着，在瓜秧里啄食瓜子儿、油虫儿……真是美气！"② 这时的春兰，作为农村女孩，其人生理想仍出不了那片黄土地，出不了老一代女性相夫教子、居家过小日子的眼界。运涛入狱，被判无期徒刑，坏消息传来，春兰万念俱灰，一度寻死，"活在世界上，也是个多余的人，死了倒也落得干净！"③ 可见，男人就是她的期盼和依靠。老人们想撮合她和大贵的婚事，春兰尽管对大贵也有好感，但还是坚持等待运涛，死活不愿"再嫁"，令人唏嘘，然而，这与其说是对爱情的执着，不如说是出于从一而终的封建礼教。

如何才能撬动像春兰这样自小就被封建伦理道德观念"武装"起来的女孩子的头脑？"革命"成了救命的稻草。可以说，"革命"正是春兰等新一代农村女孩在铁桶一般的黑屋子里所能发现的唯一

---

① 梁斌：《红旗谱》，中国青年出版社，2000，第56页。
② 梁斌：《红旗谱》，中国青年出版社，2000，第56页。
③ 梁斌：《红旗谱》，中国青年出版社，2000，第170页。

光亮。春兰之所以爱上运涛，很大一部分原因就在于为他对革命的热情所吸引。小说中特地写了春兰懵懵懂懂地把"革命"二字绣在褂子上穿到药王庙大会上这个看似不可思议的细节，对春兰来说却非常合乎人物性格，不仅突出了春兰性格中反抗性的一面，更反映了农村女孩的生活艰难和悲苦无助——她们被迫不顾一切抓住任何可能带来变化的新事物。

然而，对于像春兰这样的农村女孩来说，对革命最初的感知难免功利，在她们看来，革命就是革地主老财们的命，穷人分田地，过上有吃有喝的生活。革命就是两情相悦，子孙满堂，"当她一个人在小窝铺上做着活儿的时候，把身子靠在窝铺柱上想：革命成功了，乡村里的黑暗势力都打倒。那时，她和运涛成了一家人。那，他们就可自由自在的，在梨园里说着话儿剪枝、拿虫……黎明的时候，两人早早起来，趁着凉爽，听着树上的鸟叫，弯下腰割麦子……不，那就得在夜晚，灯亮底下，把镰头磨快。她在一边撩着水儿，运涛噌噌磨着。还想道：像今天一样，在小门前头点上瓜，搭个小窝铺，看瓜园……她也想过，当他们生下第一个娃子的时候，两位老母亲和两位老父亲，一定高兴。不，还有忠大叔，他一定抱起胖娃子，笑着亲个嘴儿"。① 美好的愿望最终还是落到了"娃子"身上，归于合家团圆。而这其实和阿Q的"革命了，要什么有什么"的革命理想几乎没什么两样。

只有随着共产主义的星火燎原，"革命"一词的厚重内涵才为春兰们逐渐把握，她们才知道，革命不仅仅只是打土豪，分田地，还要推翻一切压迫、剥削，重建新天地，更要打倒日本帝国主义，

---

① 梁斌：《红旗谱》，中国青年出版社，2000，第125～126页。

实现民族的解放，国家的独立。当然，革命也包括推翻男尊女卑的封建伦理，实现男女平等的社会理想。只有到了这个时候，春兰们才可以说真正获得了新生。"红旗"就是意味无穷的象征。《红旗谱》第二部《播火记》中描写了女人们裁剪红旗、憧憬未来的场景。贵他娘一如既往地憧憬着小人家小主的生活："红军一起手，就是工农人们的天下。将来人们有吃有穿，扛长活的，能吃到白面；新春节下，也能吃顿过年的饺子；十冬腊月里能穿上棉衣裳；咱女人家，生孩子坐月子，也能吃套烧饼果子，喝碗红糖水……"朱老忠不失英雄本色，"是为了我们的子子孙孙不当亡国奴，"他说，"我们闹起红军，我们也就有了村公所了，我们也要成立法庭，审判那些反动地主和汉奸卖国贼们"。严萍的梦想明显带有小资产阶级女性的特征："抗日也要给咱妇女们带来幸福！"而春兰想到的则是男女平等："封建势力打倒，民主政权建立，就要男女平等了。男人做的事情，女人也能做，女人不能叫男人们压服一辈子了！"① 这已经远远超出一个普通农村女孩的认识了。大贵参加游击队，多年不回，生死未卜，但媳妇金华没有丝毫的颓丧，就因为红旗在照耀着她："在那恐怖的年月里，她在革命的家庭里长大起来，始终忘不掉老同志们的面貌。做活做饭、碾米磨面，在睡梦里，永远忘不掉老同志们的面貌。红旗在照耀着她。……她按捺住心悸，想永远住在这温暖的小宅院里，盼望革命再起，把她亲手缝过的红旗打起来。"② 革命红旗飘扬，为新一代农村女性带来了希望，也极大地提高了她们的眼界。

---

① 梁斌：《播火记》，人民文学出版社，2005，第 223~224 页。
② 梁斌：《烽烟图》，人民文学出版社，2005，第 213 页。

革命也不仅仅是一些概念，更是实实在在的行动。新一代的女性都勇敢地参与到革命斗争中来，严萍和春兰都积极地参加了"高蠡暴动"，经受了血与火的考验，思想观念上实现了质的飞跃。"红旗谱三部曲"结尾，严萍当上了县长，"郑重其事地坐在大堂上，办起国家大事来"。诚如严萍自己的感慨，"是做梦也想不到的"。这在旧社会，对于老一代女性来说，的确是想都不敢想的事。封建社会的县衙自来是男人的天下，男人们起初对女县长也的确不屑一顾，但严萍勇敢地肩负起了历史的重任，以实际行动最终获得了县衙上下的称赞。春兰也随运涛投身革命工作，做了县妇救会主任。她剪下了"那条油亮的大辫"，这条辫子在小说中一再提起，象征着封建礼教的尾巴，但一直为老人们所称赞，也一度是春兰的骄傲。剪辫后的春兰彻底脱胎换骨，"春兰也穿上军装，成了女兵，高高的个儿，浓眉大眼儿，要多漂亮有多漂亮。她把换下来的衣服，装进被套里"。[①] 新一代的女性就这样诞生了。经过长期的痛苦的思想历程，她们终于走出小我，走到了飘扬的红旗下，实现了向大我的飞跃。从此以后，她们将为民族解放、国家独立的伟大中国梦而奋斗。

第五节　三代女性的文化分析

《红旗谱》中，梁斌对三代女性的描写非常真实，她们的命运各有不同，老中青三代女性各自显示了自己的特质，足见梁斌对农村女性的了解和热爱，以及对她们深刻的关切与同情。老年女性因

---

① 梁斌：《烽烟图》，人民文学出版社，2005，第 462 页。

为从封建社会走来，男尊女卑的思想根深蒂固，所以总是"无我"的；中年女性因为经历了战乱，自然开始考虑到自己的存在，于是在她们的观念中，"有我"已经成为事实；青年女性见证、亲历了革命，思想的束缚减少，她们开始意识到女性"自我"的存在，以及其对个人生活的意义。这种递进的变化，是有着深刻的文化背景的。或言，女性情感的表达，与整个社会的发展以及生活水平的高低有关。

具体来看。严老奶奶时期，时代和地域背景是 20 世纪二三十年代的冀中平原，当时正是帝国主义、封建主义、官僚资本主义的统治最为疯狂最为黑暗的时代。无论是党的力量还是革命的农民运动，都只是星星之火，并没有形成燎原之势。北方农村是一个破破烂烂的农村，在那样的历史时期，人们感受更多的是悲苦与辛酸、痛苦和折磨，他们深受传统思想的束缚，被牢牢地拴在地主阶级的土地上，不敢离开旧有的生活轨道。女性更是深受封建思想的影响。"中国封建农村家庭集生产、生育、教养、生活众多功能于一身，夫妻双方都承担着十分繁重的劳动事务，生活的重担压得他们喘不过气来。在这种情况下，夫妻关系常常偏重于事务上的合作，从而漠视或无暇顾及双方感情方面的交流与满足。"① 更深入来看，在家庭中，亲子关系是第一位的，夫妻关系是低于亲子关系的，所以严老奶奶关心更多的也是子孙之事。最后撒手人寰也是因为听到了运涛被捕之事，内心的支撑轰然倒塌。而到了贵他娘时期，生活水平相对高了，夫妻重视感情的沟通与交流也成为可能，女性更加

---

① 田霞、田跃安：《二十世纪上半期农村家庭夫妻关系探析》，《人文杂志》1999 年第 4 期。

显现了识大体、乐观以及献身的精神。但是，这两代女性都没有完全的自我，她们甚至不能被人称呼自己的姓名，而只能借丈夫之名或儿子之名，例如"××大娘"、"×他娘"。当历史变迁到春兰、严萍的时期，她们在具有女性独特的审美特征——温柔、热情、体贴、乐观之外，女性的独立自我开始出现了，她们追求思想的自由，她们也具备了与男性一致的社会政治特征，如革命性、进步性等，这是女性追求"自我"的表现，也是前两代女性所没有的。

总的来看，《红旗谱》中所体现的是"一种洋溢着巨大的胜利喜悦和充满着坚定信念的英雄风尚，是全心全意塑造英雄人物、抒发豪情壮志为主体的激情澎湃的风尚"。① 其中所塑造的三代女性形象，在中华民族长期的艰苦奋战中，从"无我"到"有我"再到"自我"，她们的命运和个性也应和了中国革命时代的变化，从而具有深刻的文化意义。

---

① 牛运清：《中国当代文学精神》，山东教育出版社，2003。

第四章
改革开放以来两性的博弈：
以蒋子龙的创作为例

改革开放是中国历史上不容忽视的一个进程。它不仅带来了经济社会的发展，也带来了文化观念的改变，尤其是社会中男性和女性之间的关系，在改革开放以来，逐渐达到了一种平衡的状态。这在以创作改革文学而著称的蒋子龙的小说作品中，有鲜明的体现。

蒋子龙是中国当代文学中"改革文学"的领军者，他以敏锐的洞察力和满腔热忱表现改革，形成了自己的现实主义创作风格。然而，改革不是简单的生产劳作，更多的是文化的变革。因此，在他的小说中，我们不可忽视的是作者展现出的社会观念的变迁。

在蒋子龙的创作中，男性始终是作者和读者目光关注的焦点所在，从改革开放之初《乔厂长上任记》中的乔光朴，以及"开拓者家族"中的其他典型，到他第一部长篇小说《蛇神》中的邵南孙，再到21世纪初《人气》中的卢定安和简业修，以及在改革开放30年之际推出的力作《农民帝国》中的郭存先，这些刚正硬朗的男性形象，各自经历了改革开放的相关时期，由此成为各个时代的代言人。

"社会的进步可以用女性的社会地位来精确地衡量。"① 那么，小说中的女性，也是时代的产儿，她们在每部作品中的形象嬗变也昭示着时代和观念的变迁。而且，女性世界对男性作家而言，终究是一个外部世界，作品中对女性的塑造，呈现了作家自身的特色。尤其是改革开放以来，女性在现实中的社会处境和社会地位已经发生很大变化，而小说作品中的女性，命运也在发生着各种各样的变化。

蒋子龙曾说，他写《拜年》时，"原想在家属大杂院里展开，通过两个命运不同的女人反映两个不同命运的男人，武戏文唱，在厂外写厂内"（《拜年·自序》）。虽然《拜年》没有按照最初的设想写作，但是可见作者在思想中，也把女性看作了一面折射生活的镜子。

但是，我们在以往的阅读和研究中，却总是把目光越过了这些女性。而小说中的女性，真实反映了社会及时代的改变对作家的影响，也是女性社会地位和社会处境变迁的一面镜子。因此，我们可以从蒋子龙几部代表性的小说着手，以之为关键节点，从性别理论的视角来对作品中的女性形象做一梳理，通过对女性形象的分析，来展示改革开放以来中国女性主体意识的嬗变，同时，将女性与男性形象做一对观，由之来观照中国改革开放以来的时代变迁。

第一节　改革开放之初："开拓者"与被遮蔽的
女性——英雄与符号

在蒋子龙早期的中短篇小说中，他创作了大量"开拓者"形

---

① 《马克思恩格斯全集》（第32卷），人民出版社，1974，第57页。

象，如乔光朴（《乔厂长上任记》）、车篷宽（《开拓者》）、刘思佳（《赤橙黄绿青蓝紫》）等典型人物。而这些作品中的女性也不可避免地被打上了那个时代深刻的烙印，她们只是作为"革命同志"出现，其女性气质被有意无意地掩盖了。女性只是工作和革命中的人，政治形式上的男女平等是以女性性别特征的消弭为代价的。女性主体性意识陷入迷失状态，她们是没有自身性别特征的"无性人"。女性的自我意识和性别意识被严重地消解，男性赋予女性的所谓"平等的"地位和身份，遮蔽了她们作为女性的自我性别和审美意识。

例如，乔光朴的妻子童贞（《乔厂长上任记》），是一位对生活充满激情和期盼的知识女性，对情感特别重视，期待着一份真挚的爱情，为此不惜独自守候二十年。但是，对于她这份个性化的情感世界，社会并不认同，人们只知道她是一位"在业务上很有才气的女工程师"。

皇天不负有心人，乔大厂长终于带着"爱情"从天而降，然而这是她"去个性化"的开始。乔厂长的出现，应和了变革时代的人们渴望雷厉风行的"英雄"的社会心理，他的奋斗变成了全民的楷模，是时代精神的反映。然而，在英雄的光环之下，乔厂长一个本质性的身份是"男性"，他也有对女性的情感，不过却是近乎冷酷或者程式化的。单就他与童贞的关系变化而言，在苏联留学时，他对童贞是单纯的兄妹情感；回国之后，因为对妻子的忠诚，在妻子死后"不再搭理童贞"；而在上任之后，却鬼使神差地突然提出要和童贞结婚。在如此种种戏剧性的变化中，乔光朴控制着一切，无论是对童贞的拒绝还是接受，就连他们结婚的时间和安排，也是他自作主张地公之于众的。这一切都是他说了算。

　　乔光朴身上体现了鲜明的"菲逻各斯中心主义"思想。菲逻各斯中心主义又称阳性逻各斯中心主义，其内涵简单地说就是：有关这个世界的一切解释和意义，最终都是男性说了算。这是建立在一系列二元对立的基础上的。其中一方是首位的、本质的、中心的、本源的，而另一方则是次要的、非本质的、边缘的、衍生的。在传统的性别关系中，男性是不可置疑的第一性，女性则处于从属地位，只能作为其对立面而处于第二性的位置，是被压抑的他者。在乔光朴和童贞的关系中，乔光朴处于主宰地位，童贞则处于从属地位。

　　乔光朴英雄般地降临到童贞的世界，他越是光辉灿烂，童贞就越是暗淡无光，终至成为英雄阴影中的一个符号化的存在。按照女性主义的观点，人的性别实际上包含两个层面：生理性别（sex）和社会性别（gender），前者是指两性之间的自然差异，而后者是指由社会文化形成的对男女差异的理解，以及属于男性或女性的类型特征和行为方式。社会性别这一概念表明，关于性别的理解以及对性别差异的社会认识，不是"自然"地形成的，它是一种社会构成，是可以改变，甚至被消除的。童贞的"符号化"就是从"去女性化"开始的。与乔厂长结婚之后，她试图在生活中以操持家务等行为，来使社会所规定的女性特征得以实现，但就是这点"主体性要求"也总是被乔光朴以事业和工作的借口而否定和压抑。因此，她也逐渐将社会所赋予的女性特征磨灭了。

　　在男权社会的性别优势中，男性常常忽略自己的性别身份，不在意与性别相关的问题。波伏娃说："男人永远不会以性别为起点去表现自身，他不用声明他是一个男人。"而女人首先想到的是：

"我是一个女人。"童贞想做个女人，但乔光朴不谈"性别"，只谈"事业"，蒋子龙在创作谈中也说过："乔光朴和童贞之间，乔是从事业出发才和童贞结合的。童贞则是爱他这个人。当她发现乔光朴和她结合是为了事业，便非常伤心。"[①] 在乔光朴的强势面前，童贞逐渐失去了女性的主体意识，而成为与男性"平等"的"革命同志"。童贞的女性身份就这样消失在"平等"之中，成了没有自身性别特征的"无性人"，甚至连"人"都谈不上，因为在男性中心社会里，只有一种人——"男人"，女人不过是一个从属性的符号而已。

《开拓者》中的凤兆丽较之此前作品中的女性形象，要丰满得多，她是一个青年"开拓者"。她对事业勇于探索，热心企业经济改革，努力掌握现代青年的思想状况，积极了解领导干部的思想和生活情况，加深相互的了解和信任。

同时，凤兆丽也显示了女性的审美意识。如，她喜欢去舞场跳舞、以听音乐作为消遣，充满了对生活的热爱。然而，这些特质并非主要的，甚至险些成为反面印记，如舞场跳舞这一情节，车篷宽最初规定禁止跳舞，在他印象中，去舞厅的都是流里流气、不三不四的小青年。虽然，他后来亲自与舞场里最出众、最引人注目、时髦而端庄的凤兆丽跳了几曲之后，思想发生了改变，但是，对女性审美意识的否定性判断还是影响了女性形象的完美。

《赤橙黄绿青蓝紫》中的解净是一位执着追求一种活生生的生

---

① 蒋子龙：《时代召唤文学》，载《蒋子龙选集》（第三集），百花文艺出版社，1983，第403 页。

活的奋争者。由坐办公大楼到钻司机楼子，由厂宣教科副科长到统率几十名桀骜不驯的汽车司机。她不仅向老师傅学习业务，也向"时装模特"学到了东西，既勇于面对生活，也敢于无羁地享受生活。于是，解净由纯洁透明变得像谜一样难解，由单颜色变成全颜色。然而，她从内心到装束所发生的变化，使她的培育者——党委书记祝同康不解。这无疑是彼时代对女性刚刚觉醒的审美意识的反对。

然而解净毕竟是一个深刻的思考者和勇敢的奋争者的形象。她的全部作为，对于"文革"后"思考的一代"青年具有不可低估的榜样力量。由此看来，解净这一女性形象所蕴含的思想价值是远远大于其美学价值的。

上述三位女性可以说是改革中的女性，她们是被平面化、被类型化、被符号化的形象，带有时代赋予的强大的观念，表达了一种强烈的历史愿望。这些女性并没有被突出其性别特征和差异，与男性几乎是同质同构的。而她们仅仅是一个区别于男性的符号，其能指与所指都是空洞的、没有实际意义的。她们的主体意识被男性的规定所磨灭，从而失去其性别特征。女性的生理性别和社会性别都是缺失的，因此，真正女性也是缺位的！

这里我们有必要指出生理性别和社会性别的差异。前者是指两性之间的自然差异，而后者是指由社会文化形成的对男女差异的理解，以及属于男性或女性的类型特征和行为方式。社会性别这一概念表明，关于性别的理解以及对性别差异的社会认识，不是"自然"形成的，它是一种社会构成，是可以改变，甚至被消除的。这种性别差异与秩序的观念早已嵌刻在菲逻各斯中心主义的认识论中了。

第二节　社会转型期：有瑕疵的男性与
主体意识觉醒的女性

20 世纪 80 年代后关于人性、人道主义的讨论推动了文学从社会功能到审美功能的转换，突出了文学的人道主义精神，强调了对人的内心世界的把握。文学创作对美学价值表现了更多的关注，在人物的塑造上也深入了人的内心世界。王蒙说："我们在继续强调面向生活的同时，我们要特别强调面向人，面向人的心灵。"[①] 这时期改革文学中的人物形象塑造实现了一次历史性的飞跃。作品中的人物是"平民式"的形象，具有普通人的思想情感、生活方式，是有血有肉有丰富内涵的人。

女性的主体意识随着思想解放的春雷开始苏醒，幽闭在男性阴影之下的女性开始发出自己的声音，她们对传统的女性禁忌和女性观念展开了进攻和颠覆，目光投注到自身的成长历程和真切的生命体验上。积郁在内心深处的生命之痛开始进入审美视域，展示了特定历史环境下女性的生存境况。

于是，女性由上一时期的平面化的符号，逐步发展成为立体和多元的女性。这一变化体现在蒋子龙小说中，就是他第一部长篇小说《蛇神》中塑造的几位女性。

《蛇神》是蒋子龙创作中的一个转折，小说以邵南孙与花露婵的感情为线索，作者着力塑造的是亦正亦邪的、身边总有女人的邵南孙形象，而贯穿始终的就是邵南孙性格的发展变化，他的每一步

---

① 王蒙：《漫谈文学的现象与功能》，《延河》1980 年第 4 期。

变化都与他身边的各种女性有着密切关联。

邵南孙出身于医学世家，是医学院毕业的高材生。偶然的机会下，他结识了京剧团的著名演员花露婵。从此，他甘愿到京剧团做"打杂"，把花露婵视为艺术女神来崇拜；他在"文革"中惨遭毒打，险些送命。他为了这种感情付出自己的一切都值得。这时的邵南孙是在爱情灵光照耀下，神清骨秀、真挚善良的护花神，他的身上闪耀着真善美的人性光芒。正如他自己所说："她使我变得纯洁、高尚了。"

花露婵是福北剧团的名旦，然而，一个唱戏的女艺人，台上一朵花，但台下还是要受歧视，还要忍受同行的暗算和人与人之间的钩心斗角。然而在小说中，花露婵则完全是个理想化的形象，是圣洁和完美的化身，她那出淤泥而不染的品格，恰好满足了邵南孙那神圣而空灵的爱的需求；而她那洁白无瑕的气质，正好支撑起邵南孙在爱的想象中悬浮，因此，邵南孙几乎是生活在柏拉图式的精神王国里。她是邵南孙心中的女神、偶像和人生理想。邵南孙为了爱情，可以不顾自己的一切，当花露婵"躺在他怀里的时候，他一丝邪念也没有"，"她的心就是我的天堂"。这是一种升华了的爱情境界，是灵魂的相濡以沫。

在邵南孙和花露婵的关系中，第一次，女性似乎完全主宰了男性，可是，这样的"颠覆"太短暂了，以至于像假的。花露婵虽是邵南孙心中的女神，然而"戏子"这一职业和身份，注定了她要成为男性的玩物，即使有邵南孙对她真诚而深切的爱情，她也依然难逃被整个社会的男性意识所污辱和损害，直至死亡的命运。

于是，花露婵死去了。邵南孙从最初的纯洁的爱恋，被逼走上了复仇的险途，后又滑入享乐主义的泥沼，所幸他最后终于借助道德伦理的力量爬了出来，复归到了纯洁的灵魂中，达到了高度的道德自觉的境界。他每一步变化，都与其身边不同个性的女性连接在一起，女性呈现了一种多元的存在。

例如，佟佩如，地委书记的女儿，福北地区骄傲的公主，自愿拜倒在邵南孙的脚下，她和邵南孙度过了一个销魂的夜晚后，堕入情网，她给邵南孙写情书，表示永远感激他，爱过了就不遗憾，死而无怨。华梅，才华过人的女记者，作为一名典型的现代女性，在邵南孙野性力量的摧毁下，立刻就要回去离婚，只愿永远躺在邵南孙的胸膛上过一辈子。而方月萱，当年与花露婵同台唱戏的"戏子"，带着满足的惬意，不无钦佩地叫邵南孙"野驴"。

在这样的两性世界中，男性才是真正的主宰！

然而，与这几位女性周旋的种种行为却深深地违背邵南孙骨子里深厚的伦理观念，他在对这些女性及其背后的男性做出报复行为的同时，也陷入了无尽的忏悔中。对花露婵深深的忏悔，净化了邵南孙的心灵。

然而，把邵南孙最终拉出欲望深渊的竟然还是一位女性，纯贞而善良的柳眉。在柳眉的感召下，他的灵魂获得了新生，他离开了引诱他的名利场，回到了自己创建的乐园——铁弓岭蛇伤研究所。柳眉，作为花露婵的完美的替代性补偿，与花露婵一样善良清纯、善解人意，却更坚毅刚强、自主自立。在道德自觉的神圣光辉里，邵南孙身上的那股复仇的野性，被柳眉融化为一片温柔的玫瑰色，裂开的人性沟壑又重新弥合上，奉献在道德的祭坛上。有瑕疵的男性最终得到拯救。小说最后，他决定和柳眉结婚时，他内心深处的伦理观念大获全胜，而他人性的复归也不仅是个人生活道路的回归，更是人生价值的回归。

可见，时代毕竟是变了。20世纪80年代，各种观念产生，思想逐渐开放，关于人性、人道主义的讨论甚嚣尘上，推动了文学从社会功能到审美功能的转换，强调了对人的内心世界的把握。人们不再像改革开放之初那样谈"性"色变，可以泰然面对两性之间的性别差异，女性的内心世界在区别中独立出来，女性形象也逐渐地有了血肉，女性主体意识开始苏醒，幽闭在男性阴影之下、被遮蔽的女性开始发出自己的声音，她们对传统的女性禁忌和观念展开了进攻和颠覆，积郁在内心深处的生命之痛开始进入审美视域。而《蛇神》也的确体现了社会转型期的时代特征。

然而，女性主体意识的觉醒，女性"性别"因素的被突出，始终无法摆脱男性中心主义的话语权。我们可以从花露婵的"戏子"身份这一典型定位来观照。"戏子"（女性）是男性凝视和观赏的对象，其中隐藏着深厚的男权意识形态。这里，对女性的"审美"实质上是一种赏玩、把玩和占有，是把女性客体化，即将女性形象"物品化"①。男性对女性的这种"审美"，不是平等的，更多地意味着一种对客体的占有和"奴役"。二元性别的等级与对立关系并没有因为这种审美而产生真正的改变。这些性格多样的女性依然是被男性规则所塑造和要求的。而且，生理性别的凸显，又使得社会性别因此而被忽视甚至压抑！

应当承认，转型期的女性，作为人类的一种存在形式而存在着，但作为大写的人，却消失在历史的发展中。在这种男权社会的

---

① 孟悦、戴锦华：《浮出历史地表：现代妇女文学研究》，中国人民大学出版社，2004，第14页。

土壤中，女性的主体意识刚刚被唤醒，又被献祭在了"菲逻各斯中心主义"的祭坛之上。作家通过文学作品来反映社会问题，而笔下的女性形象则是作者通过对现实的理性分析而塑造出来的。因此，"女性形象在文学中仅是一种介质，一种对象性的存在，一个空洞的能指，所以她们总是被她们的男性创造者按照自己的意志进行削足适履的扭曲变现"。[①] 只是，邵南孙已不再是乔光朴式的"高大全"形象了，而是有了些许瑕疵，这也可以算是女性的一点胜利吧。

第三节　世纪之交：多元的"活生生"的女性与无奈的男性

世纪之交，时代转型，人们开始强调男女两性的性别差异和性别心理差异，整个社会由以男性为中心，逐渐转向对女性自身的发现和对女性心灵独特性的重视。人们开始用一种全新的全方位的视角来审视女性。这样的变化，使得女性的体验、情感和性别意识，从过去的被压抑状态中开始翻身，女性的主体性意识开始觉醒。她们逐步摆脱了边缘地位，重新审视自己的文化身份、审美意识、艺术观念和言说方式。由此强调了女性长期以来被忽视的多元化独特性存在，并矫正和完善长期以来被扭曲的女性形象。蒋子龙的小说《人气》对世纪之交的时代变迁做出了积极的回应，作品中的女性开始有了自我言说的语境，女性的"改革"得以实施。

---

① 张岩冰：《女权主义文论》，山东教育出版社，1998，第57页。

《人气》以梨城市的危房改造为主线，作者在作品中塑造了各色人物。简业修是作者着力塑造的男性。他出身贫贱，从小生长在棚户区；作为建委主任，他在工作上颇有建树；他有自己的思想，而被领导委以重任。然而戏剧性的是，就在他事业有成之时，却被人陷害蹲了班房，受尽屈辱和折磨。在他身上，悲天悯人的情怀与错综复杂的权势之争相碰撞，显示了一种悲剧色彩。简业修经历了班房的磨炼之后发生了很大转变，可以说更加成熟了，或者确切地说，是更加无奈了，在命运面前，只能空留一声叹息。尤其是在最后面对生死未卜的手术的时候，人的有限性更加凸显，"简业修精神几近崩溃，尽力克制着内心的绝望和晦暗"。蒋子龙笔下男性常有的"大刀阔斧，有棱有角"，在这里变得棱角不那么分明了，"人化"的色彩更浓了。

在简业修的多重身份中，丈夫和学生的身份使他与两位女性产生了特殊的联系：妻子，精明能干的外企经理于敏真；导师，魅力独特的大学教授夏尊秋。两位女性都有自己成功的事业，并且与男性有着诸多平等的机会，这必然缩小了两性的差距。应该说，时代的发展，给了女性更多的机会来实现与男性在社会中的平等，女性开始追寻自己的独立人格，从而使女性的存在更加完整。作为时代的精英，她们应该是独立的女性了吧。然而，这种独立只是形式上的相对独立。两位优秀的女性在事业成功的背后，都显示了对家庭的渴望。夏尊秋一直独身，但她的感情是丰富的，既有对弟子简业修的青睐，也有对老友吴虚白的深情。于敏真更是在小说最后说出了男性所期待的话语："事业也许是男人的生命，但家庭幸福才是女人的归宿。"女性对"回家"的渴望，反映出这个社会依然是男性中心。

82

简业修外表坚强，内中空虚，面对现实的逼迫，满怀的无奈，充分显示了人性的弱点以及人的有限性。随着男性意识的弱化，女性则开始有了自我言说的语境，女性主体呈现了多元化的倾向，例如，上述的魅力独特的大学教授夏尊秋、精明能干的外企经理于敏真，也有渴望真诚感情的普通职员程蓉蓉，以及社会底层的家庭主妇们，如"大鞋底子"、"小洋马"等。这些来自社会各个阶层不同行业领域的女性，充满了时代的特色，也更为个性化，都表现了自己独特的女性魅力，显示了自己的独立人格。然而，冰冻三尺，非一日之寒，女性要想获得独立，绝非一蹴而就的事情。实际上，这些女性的独立意识更多是形式上的，盘踞在她们内心深处的还是男性中心思想，这主要表现在她们对"回家"还充满着渴望。小说对女性"回家"心理的描写入木三分，充满着象征意义："回家"不过是又回到男人的家，回到了家中，女人就又成为男人"屋里头"的婆娘。

《人气》显然还没能彻底解构男性主体的权威。只不过是在用"他者话语"来言说"女性话语"，虽然唤醒了女性的主体意识，并呈现多元化，但这一切还仍在"菲逻各斯中心主义"的语境之中。

第四节　改革开放30年：挣破束缚的"疯女人"与男人的沦落

改革开放30年之际，蒋子龙推出了一部雪藏十载的力作《农民帝国》。小说以改革开放30年为背景，以郭家店的发展变化为蓝本，以主人公郭存先的成长经历、人性蜕变及至最后毁灭为主线，细腻而深刻地描写了一群农民跌宕起伏的生活，入木三分地剖析了金钱、欲望、权力对人性的冲击。郭存先的悲剧是人的欲望不断膨胀和始终无法满足的悲剧，这也使得他由叱咤风云的能人最终沦为阶下囚。小说中，围绕在郭存先身边的有三位女性，他的母亲孙月清，妻子朱雪珍，情人林美棠。孙月清是新中国成立前的艰难条件下农村中坚强而有主见的女性，朱雪珍是经历了新中国成立后各种自然变故的女性，林美棠则是经历上山下乡的知青一代。她们都是其各自所处时代的典型代表，有自己的思想和主张，也能通过个人的努力把自己的想法付诸现实。

其实，任何历史都是当代人所描述的历史。那么，蒋子龙小说中的这些女性已经不单纯是作品中所描写的时代的人物了，她们已经被作者打上了各自时代的烙印。于是，女性开始按照自己的设计来生活，主体意识完全觉醒，对男性的反叛也成为现实。朱雪珍最初跟着郭存先到郭家店来就是出于她主动的选择，在与郭存先经历了一系列磨难之后，她依然坚守着女性的独立人格。在郭存先事业发达之后，她执意做小学老师，因为她深知，只有有了工作，有了独立的能力，才能真正有独立的世界。而林美棠，作为一位知青，是现代女性的一个典型。她的生活经历了几番周折：做知青，于是从城市来到了农村，在知青返城的浪潮中，她回到了城市，但是城市已经没有她的容身之处，万般落寞之后，她又毅然决然地回到了农村，来寻找自己的位置。在朱雪珍和林美棠这里，服从不再是女性的义务，她们努力掌握自己的命运，已不再是单纯的被男性意志所掌控的"女性"符号。

《农民帝国》中的女人可以说获得了真正的独立，她们都已经有自己的地位和思想，不为男性所规定，终于成了"活生生的人"。在主体意识上，女性开始探索主体与环境的关系，并在此基础上对自己的命运进行理性的判断和掌控，而不是听凭男性的命令，而这一切是有代价的。最重要的是，小说终于能够超越男性的性别身份，超越男性的视野，去洞察和同情女性的苦难，理解女性在"菲逻各斯中心主义"的语境中被歧视和排挤的命运。

然而，在男权社会的约束下成长起来的女性，要想获得所谓女性的人格独立，必然要为此付出代价，需要通过一些不同寻常的事情，来打破性别角色的束缚。于是，朱雪珍选择了疯癫，成为一个像傻子二叔一样的"疯女人"，"满脸巫气，口中念念有词"。林美棠说："我是死人，我已经没有命了"，在哭笑无常中，变成了鬼，变成了疯子。

"疯女人"未必是男权主义的牺牲品。其实，就一定意义上而言，"疯女人"也许才是真正的胜利者。因为女性的人格独立绝不是要与男性分庭抗争，而是在男女平等和谐、相互理解、相互尊重基础上的自立自强。然而，和谐并非解决一切问题的法宝，当性别二元无法找到平衡点的时候，就只能是女性面临选择：顺从，还是反叛，抑或疯癫？倘若顺从，那就是放弃了女性的独立；倘若反叛，那必然要经历漫长的过程，而结果依然是未可知的；倘若疯癫，则可以彻底摆脱男性中心的束缚，按照女性的意愿来坚守独立的人格。当然，真正的疯癫就完全失去了人的意识，也就无所谓女性意识的独立了；若疯癫以至于死，就连人的意识也无从谈起了。但是，在没有走向极端之前，发疯式的反抗无疑反映了女性走向独立的决然的态度。

客观来看，21 世纪以来，蒋子龙作品中所描写的独立完整的女性，无论是城市女性，还是农村女性，都已经有了自己的事业、地位和思想，不为男性所规定，是来自生活、有血有肉的女性形象，是立体的鲜活的女性。

时代和社会的发展，给了女性更多的机会来实现与男性在政治和经济地位中的平等。无论是事业上还是精神上，女性都开始了对自己独立人格的追寻，女性的生理性别和社会性别都得以实现，从而使女性的存在更加完整。

第五节　时代与文学：女性的主体意识的显现

作家创作的人物是生活经验的表现，是个人的自在生存。而文学形象作为作家主体的创造物，自然要带有创造主体的生命烙印和时代印记。

在男权文化观念中，女性的社会处境与女性美历来被纳入男性的价值体系之中。男性是女性社会处境的裁定者与女性美的欣赏者。"以男性为中心的社会中的文学，所有的女性类型都表现了男人对女人的评价。"[①] 因此，长期以来的文学创作中，女性一直处于历史遮蔽之下，只是男权制度神话中的一个消失者和缺席者，是父权制度的陪衬。女性地位卑下或者说根本没有地位，女性完全是一种丧失了自我主体性的被物化了的存在物。

在男权话语统治的社会中，文学是以男性的审美理念来塑造女性，将女性置于被动的审美客体的位置，因此，造成了女性主体意

①　刘慧英：《走出男权传统的樊篱——文学中男权意识的批判》，三联书店，1996，第40页。

识的迷失。而男性始终具有至高的地位，牢牢地控制和垄断着话语权，使得女性不会开口申诉自己的意愿，进而丧失了言说的可能和机会。男性中心社会早已事先设置无数规范指定女性的成长过程。从"人"（man）这个语词的意义看，"人就是指男性……女人完全是男人所判定的那种人……定义和区分女人的参照物是男人，而定义和区分男人的参照物却不是女人。她是附属的人，是同主要者（the essential）相对立的次要者（the inessential）。他是主体（the Subject），是绝对（the Absolute），而她则是他者（the Other）"。①然而，"没有哪种角度比男性如何想象女性、如何塑造虚构或描写女性更能体现性别关系之历史文化内涵了"。②换言之，男作家所塑造的女性，其身上已经打上每个时代的烙印，因此，通过文学作品中的女性主体意识的变化，可以窥视时代的变迁。

波伏娃说："女人并不是生就的，而宁可说是逐渐形成的。在生理、心理或经济上，没有任何命运能决定人类女性在社会的表现形象。决定这种介于男人与阉人之间的、所谓具有女性气质的人的，是整个文明。"③而以男权文化为准绳的文明，决定了女性形象的脉动走向。

在蒋子龙的小说中，他勾勒了一系列的女性形象，言说了她们的心声，显示了不同时期中国社会的时代变迁。诚然，在蒋子龙的改革文学中，最初一些作品中的女性形象的塑造，显现了男性作家在不自觉中受到菲逻各斯中心主义的认识论的影响，这是历史和社

---

① 波伏娃：《第二性》，陶铁柱译，中国书籍出版社，1998，第11页。
② 孟悦、戴锦华：《浮出历史地表：现代妇女文学研究》，中国人民大学出版社，2004，第14页。
③ 波伏娃：《第二性》，陶铁柱译，中国书籍出版社，1998，第309页。

会的必然。但是，通过创作，在他后来对女性的塑造上，我们也看到了男性自身对菲逻各斯中心主义的解构，而这种解构似乎是在不自觉中进行的，但也是时代的变迁对作者观念的影响所致。中国改革开放以来，社会和时代的变迁，足以撼动很多固有的观念，而女性也在这种变迁中觉醒着自己的主体意识。

第五章
从家族到城市的女性：
以赵玫的创作为例

第一节 《我们家族的女人》——宿命与抗争

一 女人的宿命

天津作家赵玫的长篇小说《我们家族的女人》是经得起时间检验的名作，虽说是二十多年前的作品，但至今读来仍是那么的真实，仍能让读者产生强烈的共鸣。小说叙述的虽是"我们家族的女人"独特的命运，但其极具个性化的"女性书写"力透纸背，直达普遍人性的深处。小说因此也具有了无穷的诠释空间。这是篇"生成"而非"制作"出来的小说，是一个"有机"的整体，任何视角的解读都是有限的，但如果非要做个定位，那么女性主义的视角或许是最合适的。

《我们家族的女人》无疑是关于女性的悲剧。"我们家族"是清朝皇族，"那血脉中流淌的是真正的皇族之血"①。虽说早已败落

①　赵玫：《我们家族的女人》，百花文艺出版社，2005，第101页。

但血脉中的尊严还在："我们家族的女人"无不流淌着家族的血，漂亮、高傲、执着，个性鲜明，纵使一头撞上悲剧的南墙，也不愿放下人格的尊严，更不会俯身屈就。是的，"我们家族的女人"几乎都是悲剧。姑妈风风光光地嫁入了殷实的大户人家，丈夫在"北平做学生"，"是有着开明思想的伟大知识分子"，然而新婚过后丈夫就离家去追求他的自由思想，随后又给了姑妈一纸休书，姑妈只好带着年幼的孩子凄凄惨惨地回了娘家。小姑没有缠脚，且识文断字，还当了兵，"小姑是战士。是女军人"，最后足可光宗耀祖地嫁给了"共产党的高官"，走的是和大姑完全不同的路。然而，小姑的丈夫还是在政治运动中锒铛入狱了，"在一个阴郁的日子里小姑回到了乡下的老家，小姑带回了两个大一点的孩子"，[①] 和大姑殊途同归。同样不幸的是姑妈的堂姐，家族中父亲那一辈的"第一大小姐"、"最最刚烈的女人"，"也被夫家休了回来"，也是带了一个孩子。家族中父辈共有四位女性，竟然有三位离婚。唯一婚姻美满的三姑，两个漂亮的女儿春和榛也依然"逃不脱那宿命"。而"我"，家族中"最美的女人"，"不幸又踩上父亲姊妹的脚印"，终究也是不得不离了婚带着两岁的孩子回了家。就这样，"这个家族的女人，一个又一个谁也逃不脱"。这绝非偶然，而是源自血脉的"宿命"，一种无法逃脱的悲剧。

什么是悲剧？鲁迅先生说悲剧就是把有价值的东西撕碎了给人看。可谓一针见血。但还应该强调一下：这"撕碎"是必然，是非撕不可。中外文学中展示的悲剧大致可以分成三类：社会悲剧、

---

① 赵玫：《我们家族的女人》，百花文艺出版社，2005，第 101 页。

性格悲剧和命运悲剧。社会悲剧的矛盾产生于个体生命和外在的社会力量之间，其悲剧性在于弱小的个体生命不可避免地被强大的社会力量所碾碎。只是由于反对的力量是外在的，存在着终究被克服的可能性，所以社会悲剧往往有着大团圆的结局。中国文学史上传统的悲剧（如《窦娥冤》）大抵是此类。性格悲剧的矛盾产生于人的理性诉求同非理性的生命意志（体现为性格）之间，由于性格内在于个体生命，因此是不可克服的，唯有与个体生命同归于尽方能得到解决。性格悲剧因而比社会悲剧更阴暗惨烈。莎士比亚的悲剧大多是这种类型，《红楼梦》中林黛玉的悲剧在很大程度上也是性格因素造成的。命运悲剧最为古老，其矛盾在于个体的主观意志总是要主导自己的生命，而一般意义上的生命力量（在人类文化中被隐喻为命运）永远都是不可控制的。这种悲剧中，敌对的力量既内在于每一个鲜活的生命，又是外在的，是超越个体生命的一般意义上的不可捉摸的力量。在强大的命运面前，个体的毁灭因而不可避免。就此而言，命运悲剧展现了最高程度的必然性，是完全的悲剧——不仅是个体的悲剧更体现了群体乃至人类的悲剧。命运悲剧较之性格悲剧、社会悲剧因而更震撼人心。古希腊悲剧家索福克勒斯的《俄狄浦斯王》即典型的命运悲剧，纵使是伟大如俄狄浦斯般能解开人类终极秘密的英雄也难逃被毁灭的结局，因为人类的终极秘密正是死亡。这种必然性中本就包含着最大的悲剧性。《俄狄浦斯王》被亚里士多德称为"十全十美的悲剧"不无道理。

　　《我们家族的女人》是不折不扣的命运悲剧。家族的"宿命"笼罩着每一个女人，家族的血流淌着、渗透着、蔓延着，织成了一张牢不可破的"血网"，任何挣扎都是徒劳的，"在家族强大的血流中，你才知道你原是那么脆弱。你根本没有力量。你甚至连一粒微小的沙石都不如".① "我"为挽救婚姻和爱情,曾一次又一次拖延时间,然而所有的努力都是枉然,所有的抗争都于事无补,"在你好不容易才弄懂了这个道理时,你看见原来你已是遍体鳞伤。而你却不觉得。抗争使你麻木。不再有疼痛。你磕磕碰碰。总是抓不到那远方的太阳。你试图去抓,也做过千百次努力,但到头来为什么你总是被撞得头破血流。直到这时候你才懂,你实在该做个从命的人".② 那来自血缘不可捉摸无从反抗的巨大力量就是命运,"我们家族的女人"的悲剧因此而深入骨髓。

二 男权文化的霸权

"我们家族的女人"的悲剧不仅在于出身于一个特殊的家族,更在于她们无法改变的、生而为男权社会的女性身份。毕竟,"我们家族的女人"无论怎样独特,终究也是女人,而且还是男权社会里的女人,在普遍的意义上,她们的悲剧同主导着社会的男人们密切相关。按照马克思主义女性主义的观点,女性被压迫和剥削的根源在于男性主导的权力结构——男性对女性具有绝对的权力。姑妈的悲剧在于"缠足","姑妈被她在北平做学生的丈夫休掉,其中一个极重要的原因就是:姑妈是一个裹过脚的乡下女人"。而姑妈的"缠足"正是爷爷行使男权逼迫的结果,"爷爷说我们肖家的女子怎么可以不裹脚?爷爷吹胡子瞪眼。爷爷的权力是独一无二的。奶奶暗自垂泪。她只好坐在炕头上,把姑妈细长的腿放在她盘起来的双腿上".③ 可是,没有缠足的小姑"为什么也摆不脱那个

---

① 赵玫:《我们家族的女人》,百花文艺出版社,2005,第6页。
② 赵玫:《我们家族的女人》,百花文艺出版社,2005,第6页。
③ 赵玫:《我们家族的女人》,百花文艺出版社,2005,第26页。

命定的历史的安排呢?"小姑的悲剧在于她自从嫁给了共产党的高官以后便失去了自身的独立性，成了男人背后的女人，"她把整个的生活能力都丧失在对李的依靠中。李的高官厚禄给了她衣来伸手饭来张口的生活。她一直养尊处优"。①而一旦李垮台，失去生活能力的小姑必然会陷入悲惨的境地。小姑作为曾经的"战士"、"军人"如何沦落到"丧失全部生活能力"的地步，这是个值得深思的问题。小姑对李的依靠看似自愿、幸福，实则根源于男权社会残酷的现实，因为在一个男性主导的权力结构中，不允许女性有其独立的位置，女性只能从属于男性，而一旦男人在社会斗争中失去了权力，没有能力继续看护女人，女人的悲剧就不可避免。这正是男权社会女性悲剧的主要原因。

男权社会还培养了男性的骄横，给予了他们任意伤害女性的权力。在"我们家族"中，爷爷对姑妈的伤害不仅表现在逼迫她缠足上，更表现在为了"攀附上这一带最殷实的地主"而把姑妈当作自己可以任意处置的财物上，"姑妈在此姻缘中并不重要，她不过是一个工具或手段而已"。②姑妈在她的丈夫心中显然也只是个"不重要"的财物而已。在家族中，姑妈是攀附地主重振肖家声威的"工具或手段"；对北平学生，她则不过是用来表明自己姿态的工具或手段。换句话说，不论是以爷爷为代表的家族，还是"有着开明思想的伟大知识分子"，都没有把姑妈当作具有独立人格的"人"来看待，这正是姑妈作为一个女人的悲剧所在。小姑的丈夫"共产党的高官"李与爷爷、北平的学生并无二致。为了子女，小

---

① 赵玫：《我们家族的女人》，百花文艺出版社，2005，第89页。
② 赵玫：《我们家族的女人》，百花文艺出版社，2005，第50页。

姑被迫离婚，从精神到肉体上都承担了巨大的压力，但李非但没有设身处地地为小姑着想，反而一封又一封信地谴责小姑的不义，"在未来的人生的路上她选择了承受。不仅要承受艰辛而且要承受，李在永久的狱中对她出于万般无奈的绝情的不理解不原谅和不宽恕。也是终身的"。① 李最终把小姑牢牢地钉在了负疚的十字架上，直到他过世后方得解脱。男性的骄横、任性和强权在"我"的丈夫"他"身上表现得尤其突出。"我"不愿离婚，但"他"离婚的意志则是绝对的命令，"他说我决定的事是不会改变的了。不管你是不是同意。但我想你是会同意的。即或你不同意我也将坚持到底直到我们能够分开的那一天"。② "他"甚至连"你如果不同意我就……杀了你"③ 这样的话都能说得出来。 "我"的情人"他"总是以爱的名义支配"我"，他自己却超脱于爱之外，"他要有那一切却不给我自由"，"他"出国和前妻团聚后便乐不思蜀，再也没有回来，临走前对"我"的海誓山盟都抛到了九霄云外。

从更高的层面来说，"我们家族的女人"的宿命在于她们生而为女人。如果说人之为人是由情感来决定的，那么较之男性的强大理性，女性就是更纯粹的情感的动物。虽说男性中也不乏像贾宝玉那样多情的种子，但从一般意义上来说，女性还是更情感化，也更相信爱情，而在一个男权社会，这就足以注定女性的悲剧了。两百多年前，西方现代史上第一个女性主义哲学家玛丽·沃尔斯通克拉夫特在她那部伟大的著作《女权辩》中曾掷地有声地宣告："我在这儿扔掉我的手套，反对所谓的性美德，也不在乎什么端庄贤淑。

---

① 赵玫：《我们家族的女人》，百花文艺出版社，2005，第114页。
② 赵玫：《我们家族的女人》，百花文艺出版社，2005，第9页。
③ 赵玫：《我们家族的女人》，百花文艺出版社，2005，第111页。

真理是，就我的理解来说，男人和女人必然是同等的。"① 这个出生于典型的男权家庭的玛丽在年少时就发誓永远都不会结婚。然而，情感说来就来，完全不受控制。她先后疯狂地爱上了画家弗塞利、惯于游戏风尘的商人伊姆雷，为了爱情做尽了屈辱之事而不悔，终因绝望而跳河自杀。相比之下，那些造成她的悲剧的男人们却总能超脱于爱情之上，并因着特定的权力结构随心所欲地选择女人，过着幸福的生活。玛丽的命运是如此的悲惨，使得她那些关于男女平等的理论显得那么的苍白无力。"我们家族的女人"就像玛丽一样，"总是将全身心都投注爱的生命中"。家族中的"第一大小姐"纵使在那男人普遍三妻四妾的年代都"不能宽容她的男人身上有别的女人的味道"。小姑绝望地坚守着她对李的爱，就算李已经同别的女人同居了也不负他，三十年如一日，拒不同始终守护着她的"最好的男人"秦结婚。爱情于"我"更是生命的全部，不管是对颐指气使的前夫，还是霸道的情人，都爱得昏天黑地、不能自拔。爱情并没有错，正如"我"在离婚后所说的"结婚并没有过错"。问题是，男人显然并不能给予女人同等专一的爱情。矛盾由此成为必然。比如："我"认为爱必然是自私的，"我是一个自私的女人因为我曾真的爱"，而"他"对此则无法理解，直斥"我"太自私。在男权社会，男人被赋予更多的选择，因而由情感差异造成的悲剧后果几乎无一例外都由女人来承担。

三　女性的反抗

然而，虽说"命运"是无可逃避的，但终不会绝人之路，女

---

① Mary Wollstonecraft, *A Vindication of the Rights of Woman*, London: Walter Scott, 1792. p. 123.

性的天空因而并不全是男权浓云遮蔽下的无边黑暗，"奶奶"正是刺破这黑暗的不灭的光芒，"她是我们家族中最值得崇拜的女人。奶奶浪漫而伟大。她自己并不知道这一点。她使她的生存本身充满光亮"。① 奶奶出身农家，没有什么文化，但心如明镜，坚韧果敢，关键时刻总能做出充满智慧的判断。奶奶看出了家族的无望，趁爷爷在外尚未回家，果断卖掉两亩地供父亲上学读书，"日后到底证明奶奶没有错，奶奶卖掉的两亩地是值得的，公社的文化站里摆着父亲写的书。而奶奶直到死，按月接到父亲从城里寄给她的钱"。② 奶奶甚至主持着让姑妈"把脚放了"，而且发誓绝不让小姑缠足。这在当时需要极大的勇气和胆识，远非一般女性所能为。奶奶的所作所为同她独特的"文化身份"不无关系。奶奶并非满族人，是个基督徒。文化传统不仅是强大的而且无处不在，内在于其中的人很难摆脱。受苦受难的奶奶之所以能突围是因为信仰了基督教。基督教作为"异文化"打破了传统的封建家族伦理，从而使女性解放在一定程度上成为可能。"放足"正是"因为奶奶成为那个虔诚的基督教徒"。姑妈最终和一个县城杂货店老板过上了"和和美美的生活"，他们的结缘也正是因着基督教，而奶奶则是姑妈走向基督教的引路人。奶奶以其朴素的智慧看透了女性命运的悲凉与无奈，但为了子女她从未屈服，"总是在无形中进击搏斗并悄悄使一切改变"。③

只是，奶奶无论怎样伟大终究也改变不了"我们家族的女人"的命运，更不可能改变普遍意义上的女性的命运。作为"异文化"的基督教毕竟是外在的，对中国传统的男权文化的冲击力有限，至

---

① 赵玫：《我们家族的女人》，百花文艺出版社，2005，第20页。
② 赵玫：《我们家族的女人》，百花文艺出版社，2005，第39页。
③ 赵玫：《我们家族的女人》，百花文艺出版社，2005，第41页。

少在短时期内不可能从根本上改变现状，何况基督教文化本身不过是另一种形式的男权文化。女性的真正解放必须以女性自身为出发点和目的。就此而言，从女性主义的角度来看，"我"的反抗或许更有意义。

当代女性主义法国学派主张女性是在社会中建构出来的，她们被迫接受父亲的语言和律法，从而被塑造成低等的人。按照这一派的代表人物、"后结构女性主义之母"埃莱娜·西苏的观点，性别主要是社会构成的，受益的总是那些有权势的人。"女人"这个词并非天然的术语，而是一个"词语陷阱"。在不断再现的镜像中，男人和女人获得了历史性的构型。身体总是被社会性地符码化，从而再也无法回归自然，同样，"女人"这个词也不可能是中性的。因此，严格来说，这里不存在所谓的"女人本质"。但是这个问题被有意地漏掉了。"男性气质"和"女性气质"这两个词的内涵并非男人和女人。它们成了名词，获得了固定的内涵，充满了偏见。很显然，在男权社会，这种偏见早已被视为当然，并在其上建立起了牢固的由男性主导的权力结构。西苏曾一针见血地指出，在男权话语的遮蔽下，女性成了不可探查的、被漠视的"深渊"，因而，语言或者说话语权是颠覆男权社会的关键。西苏断定存在着一种独特的"女性书写"，一种非线性文本和迂回的书写，是男性中心主义书写的对立面。西苏因此号召女性"挣脱沉默的陷阱"，以"女性书写"为武器，砸碎男性强加在她们身上的桎梏，"写，不要让任何人把你挡回去，不要让任何事物阻止你：男性不行，愚蠢的资本主义机器也阻挡不了"。①

---

① Hélène Cixous, "The Laugh of the Medusa", tr. Keith Cohen and Paula Cohen. In *Signs* Vol. 1. No. 4（Summer, 1976）. p. 877.

　　"我"正是一个不停书写的女作家。"书写"是我孤单生命中的寄托，"我一直很孤单。我在孤单中认命。我写作"。"我毕生的唯一的追求就是写好我的小说。"① "书写"不仅是"我"彰显自身存在的方式，更是"我"从男权文化突围的途径。"我"的婚姻很不幸，"我"和情人"他"之间也总是充满了矛盾。"我"像所有女性一样，"总是将全身心都投注爱的生命中"，对"他"爱得死去活来，"他是一切是那个唯一那个最好的男人那个性命"。"我"只想跟"他"结婚，过一辈子。"他"给了"我"无数的允诺包括爱，但似乎都没有结果。"他"甚至在两个女人中徘徊不定。"我们"之间的话语冲突深深植根于两性差异。法国当代著名女作家杜拉成了焦点。杜拉在她的作品中表现女性"那绝望中所显现出来的力量"，在生活中则以无上的勇气践行着女性对爱的持守，"我欣赏这个女人她在 62 岁的时候与一个叫扬的男人发生的那非凡的爱情"。② "我"执着于阅读并讲述杜拉，因为我像杜拉一样相信爱情，"女人多艰辛。敏感而细密。生命中只有爱。爱是一切和永恒"。但男人显然并不这么想。"他"永远都在说着他自己并极力要把他的意志强加于我，"他说他是个枯淡的男人。但他说你该相信你已经给了我活力。他说你若连这一点都不相信的话，就让人失望了"。③ 但"他"终究是不可相信的，尽管"我"一直宁愿相信"他"。"我"决定离开他，便独自一人去了海边租住下来，所有看见"我"的人都觉得"我"有些莫名其妙，"我"给自己的理由是"避开他"，其实是"想写一部逃避的书"，而"我"之

①　赵玫：《我们家族的女人》，百花文艺出版社，2005，第110页。
②　赵玫：《我们家族的女人》，百花文艺出版社，2005，第35页。
③　赵玫：《我们家族的女人》，百花文艺出版社，2005，第73页。

所以没有在绝望中自杀正是因为还可以"写作"，"我想我已经准备好了一切可以写作的东西。尽管我迟迟不能进入但总不至于去酗酒或是把猎枪对准自己的脑袋"。[①]"我"为激情所淹没，但"开始写作以后我便不再有热情"。在情人终将离去的绝望中，还是写作拯救了"我"，"突然间想写作并觉得去做的那些事无限美好"。可以说，"写作"是我得以重生的唯一途径。

当然，"我"的写作正是西苏所强调的"女性书写"，是一种属于女性的独特话语，这正如"我"对自己一直在写的那部小说的定位："这其实不是一部小说。什么也不是。不是以往的任何形式所能包容的。只是一些文字一些诉说，还有一颗太烫的心。"[②]这是一颗女人的心，在这样的心灵絮语中，女性听到了自己的声音，找到了自己的家园。首先是女儿的呼唤，"偶然的一个黄昏，牵了女儿的手走在夕阳里。那么温暖的空气与颜色心里骤然间一阵感动。……如真理般的信条是，无论怎样，母亲是最好的是至高无上的"。[③]当然，最关键的声音还是来自祖母。祖母真实而彻底地认知了男人和女人，从此便不为男人所动，并开辟了女人的事业，"祖母是那个永恒的原则。她不懈地照耀着一切"。[④]这是个属于女性的"永恒的原则"，它很难得到男性的认同，却是女性永远的归依。女性只有认同自己的原则才能彻底摆脱男权的世界，才能获得自己的生活及最终的心灵平静。正是在女儿的呼唤中，在祖母"不懈地照耀"下，"我"才参透了女性被遮蔽已久的秘密，获得

[①]　赵玫：《我们家族的女人》，百花文艺出版社，2005，第109页。
[②]　赵玫：《我们家族的女人》，百花文艺出版社，2005，第43页。
[③]　赵玫：《我们家族的女人》，百花文艺出版社，2005，第198页。
[④]　赵玫：《我们家族的女人》，百花文艺出版社，2005，第212页。

新生。于是，"他不再是那精神财产"，"我泰然地关闭了灵魂之窗"，"不再回首"。

第二节　从《朗园》到"朗园"：文学空间的文化意义

《朗园》是天津作家赵玫的小说代表作之一，小说跨越了近百年的历史，通过女主人公罩的生活经历和对母亲的生活的追忆，写出了在朗园这座别墅中生活的几代不同人物的命运，由此也写出了朗园由盛而衰的命运。朗园的主人是罩的母亲，一位最后的女贵族；美丽又忧伤的罩则是现代社会中一个公司的女经理。小说以"朗园"这个城市地点（site）来命名，自然也是将故事情节与矛盾冲突围绕着这个空间而展开的。而且，作为一位在天津成长的作家，赵玫对天津的熟悉与情感是可想而知的，因此，通过小说中的文学空间，总是能寻找到现实的城市空间的影子，这其实也是文学空间与城市空间的对照，以及对空间的文化意义的一种解读。

一　《朗园》构筑的文学空间

小说首先对朗园做了如此的定位。在一座滨海城市的麦达林道上，"有一片殖民地时期留下来的洋房"①，在这条街道上"有一个美丽的别墅叫朗园"，"朗园是一处很多年前由一个有钱的中国老爷在租界区仿照欧洲风格建造的房子"②。老爷去世后，罩的母亲

①　赵玫：《朗园》，百花文艺出版社，2005，第6页。
②　赵玫：《朗园》，百花文艺出版社，2005，第6页。

就成了朗园唯一的主人。

空间不是割裂的、孤立存在的，而是相对的、关系性存在的。因此，小说以朗园为中心，通过社会关系、人类活动和时间流变，细致入微地构筑出了一个多重关系交结的空间结构，形成了以朗园为中心的辐射状的城市空间构型。小说中，与朗园形成对应关系的城市空间主要有三种类型。

首先，在社会阶层与阶级层面，与朗园形成鲜明对立的空间是建国巷。

朗园所在的一边是在麦达林道上的洋房里居住的贵族们，而建国巷所在的另一边则是在东区的平房里住的平民。建国巷的人们生活贫困，"世世代代是专门为马场道那边麦达林道上的老爷太太和租界区的洋人服务的"。"东区的建国巷是解放后政府为这片城市贫民的集聚地起的名字。"① 马场道如同一道天堑，把贫民和贵族的居住地分隔开了，也隔开了建国巷和朗园。

后来在朗园居住的，还有箫东方一家。箫东方早年跟着共产党打天下而不断升迁，新中国成立后，他功成名就，在机关里做了很大的官。当他的发妻去世后，他娶了来自建国巷的殷。殷对麦达林道上的洋房无比迷恋，然而，当她胆战心惊地走进朗园的时候，她的建国巷身份却被箫东方的女儿箫思鄙视为"小市民"，而殷所生的女儿也被叫作"建国巷的穷女孩"②。

"文革"中搬进朗园生活了十年之后又搬走的还有宇建一家，他们也来自建国巷。宇建的父母都是"工人阶级"，当时的宇建是

① 赵玫：《朗园》，百花文艺出版社，2005，第28页。
② 赵玫：《朗园》，百花文艺出版社，2005，第32页。

全市红卫兵总团的领袖，他调查过，住在朗园的"不是资本家的遗老遗少，就是走资派的孝子贤孙"①。而萧思依然对建国巷的人充满了敌视和轻蔑，她骂宇建是"建国巷的臭小子"②。

朗园与建国巷在物质空间这一维度上的对立，其实是社会阶层与阶级的对立。殖民地时期，朗园里住的是有钱的老爷和太太们，是贵族；而建国巷里住的则是为老爷太太和洋人服务的仆人，是贫民。新中国成立后，朗园里住进了"官僚幕府中的要人"③，而建国巷中的则是庸俗贫穷的"小市民"。"文革"中，朗园里的人成为资本家和走资派的后代，而建国巷的人则是伟大的工人阶级。社会阶层与阶级的对立，本质上也是权力借助于空间的构型来发挥作用。空间是公共生活的前提，也是权力运作的基础。因此，掌权者总是改造空间，把物质空间作为其权力实施与分布的空间，来实现规训人的身体和控制人的思想的目的。

其次，在人类活动层面，与朗园形成对应关系的空间是维多利亚花园和瑟堡。

"离朗园不远的地方，顺着一条叫马场道的街道向前"④，有一个维多利亚花园，幽深而宁静，那里曾经是英国人的俱乐部，有钱的英国人每个周末都会来这里。覃的母亲在年轻的时候也曾经到过这里。马场道是英国人赛马的跑道，周末他们常常会赛马，也会有很多人观看。

到了覃的时代，朗园的很多故事也与一家叫瑟堡的大饭店有

---

① 赵玫：《朗园》，百花文艺出版社，2005，第59页。

② 赵玫：《朗园》，百花文艺出版社，2005，第112页。

③ 赵玫：《朗园》，百花文艺出版社，2005，第29页。

④ 赵玫：《朗园》，百花文艺出版社，2005，第1页。

关，瑟堡"非常幽雅而又豪华"，"紧临着维多利亚公园"[1]，二者形成了过去与现在的对照。瑟堡里有豪华的套间，有餐厅，有酒吧，也有很大的展厅，覃和萧家子女和宇建的很多时间也是在这个空间里度过的。

朗园是覃的母亲、覃和萧家人的"家"，相对于朗园的私人空间特性，维多利亚花园和瑟堡有着相似的"公共空间"特性。维多利亚公园是在租界区建造的，它以异国文化为表达方式，以此来满足洋人和在租界中的华人对娱乐的需要。瑟堡紧临维多利亚公园，其实也暗示了瑟堡的娱乐性的空间特征。因此，此二者都是以娱乐性为主要特征的公共空间。私人空间要具有私密性和封闭性，正如萧家搬进朗园时，覃哭着大喊："这是我们家，你们出去，你们到我们家来干吗？"[2] 其实，在没有外人闯入的时候，私人空间的私密性和封闭性还不甚明显，而一旦有外人进入，这种特性就会显明。与之相对，公共空间则是可以向所有人开放的，公共娱乐空间的繁盛，源于人们对娱乐需求的滋长，这就为人们的社交活动提供了舞台，使人走出封闭的私人空间，拓展其活动领域。

最后，在时间流变层面，与朗园形成空间对应关系的是新建的国际金融大厦。

朗园见证了这个城市近百年的历史变迁，它的命运也走向了衰落。"为了重新规划城市，政府决定将朗园拆除，在此建成一个50层高的国际金融大厦。"[3] 无论人们反对与否，朗园还是倒塌成了

---

[1] 赵玫：《朗园》，百花文艺出版社，2005，第11页。
[2] 赵玫：《朗园》，百花文艺出版社，2005，第18页。
[3] 赵玫：《朗园》，百花文艺出版社，2005，第329页。

碎石瓦砾，"新的国际金融大厦在朗园的基址上拔地而起，气势非凡。"① 富有戏剧性的是，建造朗园的老爷当初的生意就是与美国人合作开办银行，在他去世之后，覃的母亲接下了银行的生意，挽救银行于败局中，成为叱咤风云的"金融皇后"。

同样都是与跨国的国际金融有关，随着时间的流变，古旧的朗园成为消失的历史，而它所在的空间则被新的国际金融大厦所取代。在这里，空间与时间形成了一种戏剧化的叠合。

二 作为城市空间的"朗园"

"城市不但是一个拥有街道、建筑等物理意义的空间和社会性呈现，也是一种文学或文化的结构体。"② 这就道出了城市与文学不可分割的联系。因此，文学必然要投身于城市空间之中，本身成为多元开放的城市空间的一个有机部分。同样，城市空间也并非一个静止的地理概念，而是一个流变的社会概念。列斐伏尔（Henri Lefebvre，1901 - 1991）特别提出空间的社会内涵，"空间是政治的、意识形态的。……看起来其纯粹形式好像是完全客观的，然而一旦我们探知它，它其实是一个社会产物"。③

在《朗园》中，赵玫提到了很多具体的天津城市空间，有些一直存在，有些随着时间的流逝，或改变或消失。马场道至今还在，也成为天津的一个标志性的城市空间；戈登堂、维斯理教堂则成为历史的记忆；而五大道上某个曾经辉煌，现在已经破败的小洋

---

① 赵玫：《朗园》，百花文艺出版社，2005，第332页。
② 张鸿声：《文学中的城市与城市想象研究》，《文学评论》2007年第1期。
③ 列斐伏尔：《空间政治学的反思》，载包亚明主编《现代性与空间的生产》，上海教育出版社，2003，第62页。

楼，就是"朗园"的原型。文学空间大部分来自城市空间，城市空间不光是故事和情节展开的一个场景，也表现了社会和历史的变迁。在小说中，与"朗园"形成对应关系的三组空间，其实都能在现实中寻找到踪影。建国巷，就其空间特性，可以类比于老城厢一带以及各种工人新村，这里居住的也是平民和工人阶级，他们的生活空间与五大道上的小洋楼也是相对的。维多利亚花园和瑟堡，从空间位置来看，可以类比于小白楼附近的各种娱乐场所，如俱乐部、咖啡馆、饭店、酒吧。在这里，人们走出私密的个人空间，进入开放的公共空间，进行各种娱乐活动。新的国际金融大厦，就是小白楼 CBD 商圈的代表，高耸的大厦标志着城市的现代化和国际化。

就文学空间与城市空间的关系而言，文学空间不只是指文学作品中所再现的城市空间，也包括由文学想象的事物所建构的文化空间。虽然文学空间在很大程度上来自城市空间，但更重要的是，文学本身也会成为城市空间的重要组成。因此，文学空间不仅仅是城市空间的反映，也是城市空间的重要组成，更是对城市空间意义的再生产。文学空间的生产、文学空间自身以及文学空间的阐释等都是多元的、异质性的、互文性的，对文学的阐释和研究本身就可以成为文学空间介入现实、批判现实的一种空间结构。文学空间不是举着一面镜子来反映城市空间，而是加入了更多内容，把城市空间结成一张纷繁复杂的意义之网。

第三节 对女性主义者的哲思

喜欢上赵玫的作品是从她的《我们家族的女人》开始的，这部小说极具个性化的"女性书写"力透纸背，直达普遍人性的深处，读来令人震撼不已。赵玫的小说，情感丰沛充盈且跌宕起伏，却从不矫情，可谓真情实感的自然流露。每每读来总被带入其中，掩卷则大有净化之感。与此同时，在情感的洪流下又总能听到来自冷静思考者极富哲理的声音。想辨别清楚这声音当然并不容易，因为它不是直白的说教，何况还被淹没在情感的洪流之中。然而，这正是其魅力所在，也是最让我感兴趣的地方。哲理性构成了赵玫小说的一个潜在的重要维度，而这在她近年来发表的系列文化随笔中则成了明显的特征。

发表在《世界文化》上，以"赵玫文化随笔"为总题的系列散文有二十余篇，构成了独具一格的文化长廊。这是一个文学家的文化长廊，不仅写人记事大多离不开文学，而且文笔优美，极具文学意味，如对晨光中波士顿的描写："很早醒来，很美的窗外。看不到太阳，却看到缓缓升起的晨光。那是种令人神往的金色光芒，浸润着波士顿安宁的早晨。慢慢地，远远近近的建筑发出光来，浅浅淡淡地闪出太阳一般的明媚。而此时寂静的波士顿城，依旧沉睡在迷蒙的晨色中。"① 如此充满感情的描写在"随笔"中比比皆是。如果说赵玫的小说是情感的洪流中始终隐含着哲理的思辨，她的"随笔"则恰恰相反，以文化哲理的分析为主要内容，以绵延不断真情实感为底蕴。"随笔"更是一个女性文学家的文化长廊。一方面，在这文化长廊中女性占绝大多数，且位置突出，是主要形象，她们当中不仅有乔治·桑、杜拉等著名的女作家，更有伍尔芙、波伏娃这样宗师级的女性主义者；另一方面，"随笔"中的确包含着

① 赵玫：《从这里遥望蓝色海湾（上）》，《世界文化》2015 年第 1 期。

大量极其深刻的女性主义思想。当然，赵玫或许根本就无意于做什么女性主义的阐释，至少"随笔"中几乎不见任何女性主义的专门术语，她只是站在女性的立场，以自己独特的洞察力，率真大胆地剖析两性社会的人情物理。只是，读者之心未必不然，特别是对像我这样"前理解"中主要是女性主义视角的所谓研究者，读来处处都是女性主义思想，而且老实说，这些"随笔"有时候比那些正宗的女性主义理论文本更能给我以启发。比如对女作家乔治·桑和沃尔夫的解读。

乔治·桑一生有过无数次恋情，历来的评论争议很大。赵玫则直率地认为，一个人能够爱许多次正是强烈激情和强大生命力的象征，乔治·桑更是在情爱中创造了许多伟大的艺术家，"桑便成为这种可以爱很多次的那种人。而且很多次造就了伟人。她让她自己的爱的历程每一次都充满了光彩，她也让她爱过的那些男人每一次都不是一无所获。所以桑夫人不是别人。她是个十分了不起的女性。她能够爱很多次，而每一次都是饱满的，有质量的，充满了波澜起伏、悲欢离合的，也是孕育着伟大和不朽的"。① 在一个女性动辄被贴上"水性杨花"的标签的男权社会，这种"女性的爱可以创造伟大男性"的观点多少还是有点惊骇世俗的，就算现在已经是 21 世纪。然而细想来，至少对于乔治·桑来说，也不无道理。在伍尔芙身上，赵玫则看到了"知识之美"，"伍尔芙是个美丽的女人。她美丽是因为有思想和知识在她的容貌中驻足。是因为她拥有着知识分子的烙印和立场"。② 这种美同样见于作为知识分子的

---

① 赵玫：《爱一次，或者很多次》，《世界文化》2014 年第 3 期。
② 赵玫：《一个女人的精神感召（下）》，《世界文化》2014 年第 2 期。

波伏娃，"波伏娃成为这个最美的女人。她的美是深邃的，是以不停的思考为基础的。没有思考，就不会有波伏娃脸上那种独特的味道。无限探究的，那是种与知识和智慧相连的美丽"。① "知识之美"或"智慧之美"的提法早已有之，在古希腊哲人柏拉图的美学体系中，智慧的美被置于最高的位置。只是，这种至高的美自古以来就属于男性，就算是在理性主导下的启蒙时期，在康德、博克等美学大家的笔下，女性的美仍只是多少有些贬义的"秀美"，同"知识之美"毫不沾边。事实上，直到今天又有多少人能够肯定女性的"知识之美"呢？而这不仅是当下女性主义理论的重要议题，也是普遍意义上的社会现实问题。

就女性主义思想来说，"随笔"中对波伏娃同萨特之间"伙伴契约"关系的解读真实而新颖，尤其能引发我的思考。众所周知，萨特和波伏娃这对情人曾约法三章，只恋爱，不结婚，不生儿育女，甚至也可以不同居，各人保有自己的住处。他们还十分认真地约定互相的性开放，不争风吃醋，亦不嫉妒。他们要求对方的是坦诚和信任，而不是感情的忠诚，尤其不是肉体的忠贞。这种"伙伴契约"关系一直为世人所津津乐道，被视为人类新型两性关系的典范。赵玫对两人之间的这种关系显然也是持肯定态度的，"他们身体力行的'伙伴契约'难道不是爱的千古绝唱吗？否则为什么多少年过去，关于他们生命的传说总是历久不衰呢？"② 然而，赵玫毕竟是著名历史小说《武则天》的作者，对男权社会中女性无意识深处的悲凉和残忍有过深入的研究，这让她得以进入波伏娃

---

① 赵玫：《她不想成为那束散乱的花（上）》，《世界文化》2014年第4期。
② 赵玫：《她不想成为那束散乱的花（下）》，《世界文化》2014年第5期。

的心灵深处，并读出了"伙伴契约"束缚下的女哲学家的苦楚。

波伏娃著名的小说《女宾》成为赵玫进入波伏娃内心世界的钥匙。《女宾》是波伏娃的处女作，发表于 1943 年，这时的她已是人到中年，"且已经拥有了她的哲学思想以及她与萨特共同的生活"①。小说叙述的是一对情人出于同情接纳了一位年轻的姑娘女宾，三人约定和睦相处共同生活。然而，情感永远不可能像理性那样简单，男人喜欢上了女宾，女人出于妒忌，谋杀了女宾，小说在悲剧中结束。按照赵玫的解读，这部小说几乎就是波伏娃"现实生活的真实的翻版。无论是其中的人物还是人物关系，甚至言谈话语、琐屑的细节。事实上《女宾》就是现实，而'女宾'的原型也就是波伏娃的学生奥尔加"。② 只不过，现实中的波伏娃和萨特历经漫漫五十年终得善果合葬一处，奥尔加等"女宾"们也获得了各自的归宿。但是，小说显然比世人眼中的现实生活更能反映波伏娃内心的真实。

赵玫一针见血地指出，《女宾》是波伏娃"发泄和克制的产物"。③ 在《武则天》的作者赵玫看来，《女宾》中的"三人家庭"同"古老中国的后宫和妻妾成群的家庭"并无二致，不过是改头换面的"一夫多妻的把戏"，"那是封建社会最典型的特征和糟粕，却被西方的大师接纳了过来"。④ 当然，波伏娃毕竟是现代"坚定的女权主义者"，她对"一夫多妻"的超越以及对新型伴侣关系的探求不可否认，"波伏娃和她的'女宾'们之间的关系，正在抵达

① 赵玫：《她不想成为那束散乱的花（上）》，《世界文化》2014 年第 4 期。
② 赵玫：《她不想成为那束散乱的花（下）》，《世界文化》2014 年第 5 期。
③ 赵玫：《她不想成为那束散乱的花（上）》，《世界文化》2014 年第 4 期。
④ 赵玫：《她不想成为那束散乱的花（上）》，《世界文化》2014 年第 4 期。

女人们相互理解的那种超越了'后宫'的境界。她们彼此努力关心对方，争取在心灵上做朋友。甚至做到在感情上理解对方的爱与恨，做到相互之间喜爱起来"。① 而更重要的是，波伏娃显然是在借这样的"酒杯"浇自己心中的"块垒"。《女宾》里在嫉妒中煎熬的"女人"正是波伏娃真实的写照。除却"哲学家"、"女权主义者"等这些华丽的外衣，波伏娃终究也还是个女人，是女人就会妒忌，"妒忌尽管不是一种美好的情感，却也是人类的一种真实的情感，尤其对女人。而爱情也永远是排他性的"。② 萨特一生风流，拈花惹草无数，波伏娃严守两人之间的契约，并无半句怨言，但并不代表她不妒忌不痛苦，"波伏娃还是嫉妒了。或者她不说，但心里的苦楚是存在的，并时时刻刻啃咬着她的心。那种疼痛的感觉她显然清楚。每当她得知她爱的男人被另一个女人所吸引，所诱惑，并放浪形骸，她这个前卫的女人的第一个反应就是痛苦（这和常人没有什么区别）"。③ 不得不说，赵玫的这种解读非常"真实"。

而"真实"总是残酷的。其一，在现实社会中，男女的地位是不平等的。这是个由男性主导的社会，男人在各个方面都有着巨大的优势，而女人则始终处于从属的地位，纵使像波伏娃这样出类拔萃的女性也难免成为萨特的"附丽"，而这正是她的悲哀所在，"她毕生附丽于萨特。世间没有真正彻底的女权主义者。她们都只是在提醒你们。她们连自己都做不到。她们也毕生都在寻找着主人。寻找主人身上的父亲的或是君王的影子。不拒绝做那一束被管

---

① 赵玫：《她不想成为那束散乱的花（上）》，《世界文化》2014 年第 4 期。

② 赵玫：《她不想成为那束散乱的花（下）》，《世界文化》2014 年第 5 期。

③ 赵玫：《她不想成为那束散乱的花（下）》，《世界文化》2014 年第 5 期。

理起来的花"。① 这其实是男权文化中女性的必然命运。因此，萨特和波伏娃之间看似平等的"契约"恰恰并不平等。这契约对波伏娃是禁锢，对萨特则是自由——是可以随时拥有波伏娃同时可以滥交的自由。两人之所以能够获得圆满结局，主要是因为波伏娃的隐忍包容，"她总是能忍辱负重地和那些成为萨特情人的女人相处得很好。她和她们一起喝酒，一起看戏，一起交友（很难说这是不是一种变相的自我摧残），是她的聪明、智慧、文化教养以及她的控制能力所使然，或者也因为她从来对自己充满了自信"。②

可以说，萨特和波伏娃所倡导的看似公正平等的"伙伴契约"关系在男权社会中不过是由男性主导的游戏，只有近乎男性的女性或可赢得胜利。波伏娃的理智丝毫不逊色于男性，且还有着极高的名望，如果说连她都难免悲剧，那么对普通女性来说更是不可能有好的结果。诗人顾城的妻子谢烨的悲惨结局就是典型的例子。顾城、谢烨和他的情人阿英之间组成了"三人家庭"，共同生活在激流岛上。"这一次积极倡导'三人家庭'的还是男人"，③ 谢烨则同波伏娃一样宽容、隐忍，只是她没有波伏娃那样幸运，最终还是惨死在顾城的斧头之下。顾城是名满天下的诗人，而谢烨没有波伏娃那样的名望，她只是一个"无名的女人"，一个"单纯的女孩儿"，没有任何资本同顾城抗争，终落得个死于非命。《女宾》艺术地反映了波伏娃的苦楚，谢烨的悲剧则从现实的角度折射了普通女性的悲哀。在现实和文本的"互文"中，揭示的恰恰是美好爱情面纱下女性的悲剧性命运，一如波伏娃对安徒生浪漫的爱情故事《海

---

① 赵玫：《她不想成为那束散乱的花（上）》，《世界文化》2014年第4期。
② 赵玫：《她不想成为那束散乱的花（下）》，《世界文化》2014年第5期。
③ 赵玫：《她不想成为那束散乱的花（下）》，《世界文化》2014年第5期。

的女儿》的解读："女人，由于承担次要角色和完全接受依附，便为她们自己造就了一个地狱。每一个恋爱的女人都会把自己看作安徒生童话中的小美人鱼。为了爱，用自己的尾巴换来了女性的大腿，然后发现自己竟是行走在针尖和熊熊的炭火之上。"① 这就是残酷的"真实"，但显然难以为赵玫所接受。如果说之前出于对思想家萨特的尊重还只是隐忍不发的话，那么面对谢烨无辜的惨死赵玫终于忍不住控诉了："童话的王国。伊甸园一般的。男耕女织。每个人都在涂抹的诗歌。创造着，虚幻的乌托邦式的生活。……所有的女人都想显示出她们是无私的。她们不在乎男人到底爬上了谁的床。唯有男人是自私者。他的全部目的就是得到。两种女人的两种爱。还有大同小异的两个女人的身体。他们是这种畸形关系的最大受益者。而女人得到的却是痛苦的锤炼。"② 这基于"真实"的控诉力透纸背。

其二，男女的"本质"不同。如果说男性是理性的动物，那么女性则是情感的动物。这种区别有生理上的原因——女性生儿育女，母爱是为本性，难免天生"多情"；也有后天社会选择的因素，毕竟数千年来社会对男女的定位有别：男人必须理智，而女人则是情感乃至情绪化的。理智与情感的矛盾由此也成了社会最基本的矛盾之一。问题是，社会终究是由男性/理性主导的，情感终究要服从于理性，在两者的矛盾斗争中女性因而难免悲剧。诚如赵玫的解读，从小说《女宾》到波伏娃、萨特再到顾城、谢烨，在所有的"三人家庭"中，女人都为感情（哪怕是妒忌）所控制，真

① 赵玫：《她不想成为那束散乱的花（上）》，《世界文化》2014 年第 4 期。
② 赵玫：《她不想成为那束散乱的花（下）》，《世界文化》2014 年第 5 期。

诚地爱着男人，为了对方幸福可以付出一切；相反男人却总是那么多情/无情，永远只想着自己的"自由"和"性福"。在两性关系中，女性总是比男性更容易为情所困，这也正是女性悲剧的根源之一。波伏娃是个"坚定的女权主义者"，她的《第二性》是现代女性主义奠基性的著作。她对两性关系的本质有着透彻的认识，且毕生都在为女性获得平等权利而奋斗，然而又能怎样？她终究还是女人，也难免为情所困，以至于她对塞西尔·索瓦热的话刻骨铭心：女人陷入情网时必须忘掉自己的人格。这是自然法则。女人没有主人就无法生存。没有主人，她就是一束散乱的花。① 这对一个"坚定的女权主义者"来说该是怎样的无奈！颇能说明问题的是，波伏娃并不孤独。事实上，西方历史上知名的女权主义者似乎都难逃情网，比如沃尔斯通克拉夫特。

1795 年，深秋的一个黄昏，细雨霏霏，天色阴冷。伦敦城外泰晤士河普特尼桥上一位年轻的女子纵身跳进了混浊的河中。这个女子不是别人，正是被称为西方现代史上第一个女性主义哲学家的玛丽·沃尔斯通克拉夫特，她为丈夫伊姆雷（一个游戏人生的商人）抛弃，情不能自禁，决心投河自杀。而就在一年多前她还疯狂地爱上了丑陋的画家福塞利，且尽管对方不过是逢场作戏，她却不能自拔，受尽了创伤。谁能想象，也就在三年前，她刚刚出版了现代女性主义的开山之作、影响深远的《女权辩》。在这部伟大的著作中，她曾宣告："我在这儿扔掉我的手套，反对所谓的性美德，也不在乎什么端庄贤淑。真理是，就我的理解来说，男人和女

---

① 赵玫：《她不想成为那束散乱的花（上）》，《世界文化》2014 年第 4 期。

人必然是同等的。"① 可谓掷地有声，豪气干云！她坚信女人和男人有着同等的理性，"如果理性出自神性，如果它造物同造物主之间的纽带，那么它的本质对所有人都应该是相同的"。② 她对情感的危险性早有透彻的认识，"心灵极易背叛，如果我们没能控制住最初的情感，接下来也不可能阻止它为一些不可能的事情叹息。如果按照通常的方式，两人的结合存在着不可逾越的障碍，那么就要努力斩断任何危险的柔情，否则它不仅会毁掉你的快乐，还会把你骗上错误的道路"。③ 然而，她非但没能控制住自己的情感，反而在"错误的道路"上飞蛾扑火般地冲向了死亡。为情所困的沃尔斯通克拉夫特完全没有了一个女权主义者应有的独立人格：福塞利娶了别的女子后，她不顾廉耻地哀求福塞利和他的夫人允许她参加他们的家庭聚会，请求同他们住在一起；她的丈夫另觅新欢后，她也是恳求三人共同生活——沃尔斯通克拉夫特可谓现代"三人家庭"观念的创始人。历史何其相似，从沃尔斯通克拉夫特到波伏娃再到谢烨，她们的悲剧并无二致。女性的理性终究没有男性强大，男性的情感终究不像女性那么强烈，虽说男女两性这种本质差异并不必然导致女性的悲剧，只不过在一个男权社会里就不可避免了。

赵玫最后总结道，"男人们说，开始，便开始。他们说结束吧，便结束。甚至波伏娃这样的倡导女权主义的女人也在劫难逃。

---

① Mary Wollstonecraft, *A Vindication of the Rights of Womam*, London：Walter Seott, 1792, p. 123.

② Mary Wollstonecraft, *A Vindication of the Rights of Womam*, London：Walter Seott, 1792, p. 160.

③ Mary Wollstonecraft, *A Vindication of the Rights of Womam*, London：Walter Seott, 1792, p. 88.

这意味了什么？是的，平等的爱情远没有真正建立。要实现波伏娃的理想还任重而道远。波伏娃所描述的女人的痛苦至今犹存，这或者就是波伏娃之于我们今天的意义"。① 颇多控诉的意味，也有说不出的无奈！而我想说的是，除非彻底改变男权社会，否则永远都不可能真正建立平等的爱情。这就是赵玫解读波伏娃给我的启示。

---

① 赵玫：《她不想成为那束散乱的花（下）》，《世界文化》2014 年第 5 期。

第六章
从媒体空间到租界空间：
以宋安娜的创作为例

作家宋安娜的职业身份是媒体人，因此，在她的创作中，自然少不了对媒体生活的关注，而在由媒体所构筑起的空间中，女作家尤其展示了媒体空间中的鲜活女性。进入 21 世纪以来，在诸多的机缘巧合中，宋安娜一头潜入了对天津犹太人的研究，把她的文学空间转移到了天津小洋楼这一交融了本土文化与异域色彩的租界空间。由此显示了作家创作空间的跨越，也使天津文学显示了世界文学的视野。

第一节　女性视角下的媒体空间

宋安娜创作的以媒体空间为背景的代表性作品有两部长篇小说，《桅顶瞭望》（1995）和《圣光》（1998）。

《桅顶瞭望》是一部结构精巧的作品，采用了复线叙述的结构，用写实的手法，将一般人视为神奇的记者生活展示得淋漓尽致。小说以《新原日报》工业部主任孟文的经历为主线，其中交织着孟文的妻子王家龄、"白宫记者"于显扬等人的工作和生活，以及孟文的朋友改革家李正道的受贿案。与此同时，小说安排了另外一条线索，那就是报社前后八位主编的传奇人生。虽然是两条线索，但是作者巧妙地使过去与现在通过孟文进行了对话。在记者的工作生活之外，小说也描绘了孟文与女画家杨眉的美好恋情，写出了"无冕之王"的情感世界。《桅顶瞭望》可以说是我国当今第一部真实反映记者生活的长篇小说。而这部小说的价值和魅力，恰恰在于宋安娜本身的工作和才情：她本身就是一名记者，对记者生活和内心世界有着真实的经历和独到的把握，而且，她本性中的温情与良善，使得作品在反映残酷现实的同时，依然能给人很多美感和艺术的享受。

《圣光》写某报社著名的年轻女记者宁虹影，发现丈夫心灵深处十分卑鄙肮脏，决定与其分居。在一次采访活动中，宁虹影偶遇沉稳干练的外交官成功。两人一见钟情，几经别离的考验，终在灵与肉的结合中实现了生命的完美升华。然而，就在宁虹影憧憬美好生活的时候，成功却在一次飞机失事中意外丧生。小说如魔如幻的描绘，如丝如缕的倾诉，感人至深。小说对爱情进行了深入的探讨。自"五四"以来，随着西方观念的涌入，中国传统家族观念日渐崩溃，传统上主要以家族观念为基础的婚姻关系开始转向以爱情寻求结合的理由。这是个漫长的过程，可以说直到20世纪八九十年代才实现了普遍性的转变。但这种结果并不乐观，离婚率日益上升，而所谓的爱情则似乎像美丽的谎言，可以想象，但永远不能落到实处。与此同时，爱情越是难以捉摸，就越发让人充满期待。那么，什么是真正的爱情呢？宁虹影同其丈夫王大均结婚伊始也曾如胶似漆，但那不过是肉欲掩盖下的假象而已。宁虹影只有在遇到成功后才体验到了真正的爱情，那是一种"神奇的特异感觉"，说不清道不明，却又刻骨铭心。对女性来说，对爱情的期待涉及一个非常现实的问题——寻找真正的男人，这正是《圣光》另一个主题。20世纪90年代，一个真正的男人，不应该是琼瑶小说中奶油般的白马王子，而应该是个"成功"的男人。他不仅要有高大挺拔的身材、浑厚磁性的嗓音、清俊的脸，还应该沉稳干练、事业有成，最重要的是要饱经沧桑、富于内涵，"岁月的刀痕清晰地停留在他的脸颊上。他走过了很长很长的路，从他嘴角刚毅的纹路可以想见他曾经跨越了多少人生坎坷。他的眼睛却依然锐亮，闪烁着成熟而睿智的光"。而且要有持久的影响力，"一个男人，不管离去还是不复存在，他的氛围不仅不消散，反而因思念的强烈越来越牢固持久，这样的男人，才是真正的男人，有魅力的男人"。可是这样的男性只能是理想的存在。不消说，《圣光》的爱情主题应和了时代过于理想化的诉求，而悲剧性的结局则反映了作者现实主义的态度。

第二节　小洋楼里的租界空间：地域文学空间与世界文学话语的融合

2010年11月7日，一个以"犹太人在天津"为主题的图片展在耶路撒冷隆重开幕。图片展共展出历史照片150幅，分为"百年足迹"、"商路高耸于驼峰之上"、"犹太人在天津的生活"、"动荡年代里的温情"、"共谱新篇章"五个部分，真实再现了从19世纪中叶到20世纪中叶犹太人在天津的百年生活场景。这些图片来自现居海外的犹太人所珍藏的家庭相册中。图片的主人都是曾经的天津犹太人或他们的子孙后代，对于他们来说，天津就是一度为犹太人提供了庇护之所的"神圣的渡口"。

此次图片展的策划者宋安娜女士是《天津日报》的高级编辑，也是一位记者兼作家。宋安娜虽说不是专业的历史学家，但勤奋、激情再加上文学家的视角成就了她独特的天津犹太人的历史研究，并在十年的时间里，结出了丰硕的果实。早在 2001 年，宋安娜就在《天津日报》上发表了一篇研究天津犹太人的文章，这也是新中国成立后天津第一篇公开发表的关于天津犹太人的文章，产生了巨大的反响。但是，这一研究的难度也是显而易见的，因为犹太人在天津的生活几乎没有留下任何记载，现在听起来已近乎"天方夜谭"。面对重重无法预知的困难，宋安娜决心"像打捞一艘沉没的历史古船"一样，把犹太人在天津的这段鲜为人知的历史发掘出来。2004 年，宋安娜主编出版了大型画册《犹太人在天津》，以影像的方式介绍那些曾经生活在天津的犹太人。但这并不是她最终的目的，她要做的不仅是让一段历史事实的"重见天日"，还要对这段独特的历史做创造性的文化解读。功夫不负苦心人，她以新闻人敏锐的视角和强烈的社会责任感，以作家澎湃的激情和优美的文笔，以学者严谨的态度和扎实的作风，更以女人独有的坚韧，终于在 2007 年写成了《神圣渡口——犹太人在天津》这部独树一帜的专著。这是第一部叙述天津犹太人的长篇纪实文学，它采用文化史研究和文学观照的双重方式，深入探讨天津犹太人现象，揭示了一段令人激动不已的生活。它不仅以全部的细节复现了一群犹太人在天津与众不同的生活，更揭示了天津城市的博大宽容的文化传统。这部著作以文学的名义向世界展示了民族沟通、民族互助、民族文化相生相长的丰富含义。2010 年天津人民出版社隆重推出了《神圣渡口——犹太人在天津》英文版。《神圣的渡口——犹太人在天津》是一部图文并茂的纪实文学作品，也是耶路撒冷图片展的文字依据。

《神圣的渡口——犹太人在天津》这本书倾注了宋安娜六年的心血，在学界引起了极大的反响。其实，早在 19 世纪末，就陆续有一些犹太人从各国迁居天津，到"二战"期间竟达 3500 人之众，他们建有自己的教堂、俱乐部、医院、学校、餐馆、墓地，也就是说，这座城市曾真真切切地拥有过一段完整而有序的犹太人社区生活岁月。

作为报社的记者、编辑，作协的签约作家，宋安娜的天津犹太人研究似乎有点"不务正业"，有些出人意料，但宋安娜从来就不是容易确定身份的人，她其实是个难得的多面手。

首先，宋安娜是个作家。自 20 世纪 70 年代走上文学创作之路，至今已经在文学的征途上跋涉了近四十年。发表了长篇小说《桅顶瞭望》、《圣光》，散文集《海之吻》、《别让我成为富人》，长篇文化随笔《解读梁斌》，并与人合著电视连续剧剧本《风雨丽人》，产生了广泛的影响。除此之外，宋安娜还与黄泽新合著了文艺理论专著《侦探小说学》。像中国当代许多作家一样，宋安娜的创作生涯也是从知青文学开始的，从 20 世纪 70 年代直到 90 年代，宋安娜以知青生活为题材创作了大量散文随笔和中短篇小说。但自 20 世纪 90 年代中期之后，宋安娜实现了新闻小说的转向，接连写出了两部以"新闻人"为题材的长篇小说《桅顶瞭望》和《圣光》，这标志着她的创作进入了一个新的阶段。

然而，宋安娜的才情气质是多方面的。世纪之交，随着出国交流和访问的机会增多，宋安娜写下大量具有跨文化特征的游记散文。这些散文可以分成两个系列：法国系列和美国系列。前者的代表是散文集《别让我成为富人》（2001），后者则是以《东眼西眼看美国》为题的一系列散文。法兰西民族具有深厚的文化底蕴，因而宋安娜在法国系列散文中多有温情的捕捉、审美的观照与体味。而美国系列则在审视与赞赏之外更多了一份犀利，具有深刻的文化批判色彩。但不管是对法国文化的欣赏，还是对美国文化的剖析，作者都是从中国文化的视角来观看欧美的异质文化，因此自然而然就形成了一种对照。而作者总能在跨文化语境的思考中，从文化的表象中，提炼出独到的人生体验。这些文化随笔体现了作者深厚的学养、独到的思考，也体现了一个学者型作家独具的风范。

任何一个充满创造力的作家都不会停留于自己已有的成就。21世纪初，宋安娜开始了她的"津味文化"的创作阶段，并以学者的敏锐眼光，透过厚重的故纸堆，看到了天津犹太人研究的巨大价值。用"津味文化"而不用通用的"津味文学"是为了强调宋安娜这一时期创作中鲜明的文化思辨特色。《神圣的渡口——犹太人在天津》堪称这一时期的代表作。人们很难用一种既定的模式来框定这部作品，它既可以说是文化随笔，也可以说是纪实小说，更像是两者的结合。这也许就是学者型作家宋安娜水到渠成的收获吧。从宋安娜文学创作历程上来看，《神圣的渡口——犹太人在天津》突破了其以前作品较多关注于身边小社会的局限，打开了文学创作的视野，可以看作其创作中的一部标志性的、转折性的作品。《神圣的渡口——犹太人在天津》历时六年方告完成，是部独特的文化小说，既有严谨的考证、翔实的史料，又不失丰富的想象、动人的情境。像天津犹太历史这样的题材若由纯粹的学者来写，也许会是一篇很有价值的学术著作，但也可能是一堆历史资料汇编，而在学者型作家宋安娜的笔下则实现了学术和文学的完美结合——不仅是珍贵的史料，更是一部难得的真情实录。

《神圣的渡口——犹太人在天津》充满着丰富的想象力，小说家的笔法随处可见。如在叙述伊莎贝尔回忆她的中国阿妈时，作者用充满诗意的笔调写道：

> 我看见一个中国女人走进小伊莎贝尔的生活。她叫她"我的阿妈"。
>
> 对阿妈的记忆细腻而绵长。
>
> 一个小脚女人。乡下来的。穿着褪了色的蓝色裤褂，整日悄无声息地走来走去，而小伊莎贝尔的生活便在这悄无声息中被料理得妥妥当当。
>
> 她记得阿妈每天早晨为她梳头。她站在她身后，她纤细的手指理顺她的头发，分绺，编辫子，最后系上一个美丽的蝴蝶结，每一接触都像鸟儿的轻落那么柔软。她们从不交谈。
>
> 她还记得那个雨天。她赤着脚在大雨中奔跑，向家奔跑。就在她跳上台阶的那一刻，家门无声地打开，阿妈出现在门口。她似乎专心专意地等在那里，一直等在那里，等着她回来。①

这段文字令人感动不已，但效果并不产生于"阿妈和公主"之类老套的故事情节，而在于作者能够充分调动想象力，逼真地重现了当时的情境，并能设身处地表达出伊莎贝尔的真情实感。一切

---

① 宋安娜：《神圣的渡口——犹太人在天津》，天津人民出版社，2007，第160页。

似乎不再是伊莎贝尔的回忆，而是作者自己的亲身经历；笔下描写的似乎不是伊莎贝尔的阿妈，而是她自己的阿妈。真情流露，一切的景语便都成了情语，原本褪了色的历史材料也便成了感人的真情实录。诸如此类小说家笔法成就了这部"非虚构作品"独树一帜的风格。

《神圣的渡口——犹太人在天津》的艺术成就有目共睹，而其文学史意义也许更值得关注，这里不仅就其作为一种独具特色的小说类型而言，在当前中国文学日益走向世界的语境下，作为天津文学走向世界文学的一部分，这部作品的成功具有更深远的意义。中国作家协会主席铁凝近年来就特别强调"走向世界的中国文学"。2009 年，铁凝带领庞大的中国作家代表团参加德国法兰克福书展，看到中国作家作品被翻译成许多欧洲文字之后，深感中国文学已经到了"走向世界"的关口。在她看来，文学是沟通的桥梁，全球化语境给中国作家提供了更广阔的可能性，作家要承担起文化责任，随着"中国制造"的声誉日隆，中国当代文学也初具世界气象。铁凝为中国作家描画出了当前文学所面临的"世界形势"和民族化的方向，即随着全球化进程的加速发展，"随着中国走向世界，中国的文学也在走向世界"，"全球化的趋势没有也不可能泯灭不同民族和文化之间的差异，相反地，它只会进一步加强民族的文化自觉"。[①] 这正是我们当下的文学立场之所在。

当我们在全球化语境下来反观宋安娜《神圣的渡口——犹太人在天津》的时候，这部作品就具有重要的历史意义。就当前文

---

① 铁凝：《从德国之行说起走向世界的中国文学——2009 年 10 月 29 日在中国作协召开的文学创作座谈会上的讲话》，http://culture.people.com.cn/GB/87423/10314986.html。

学面临的世界形势而言，《神圣的渡口——犹太人在天津》无疑是部开创性的专著，是第一部叙述天津犹太人的长篇纪实文学，这部作品既有珍贵的资料和文献，具有珍贵的学术价值，又填补了天津文化史的一项空白，开创了一个新的涉外史研究领域，由此体现了一个人文知识分子的良知和执着。天津这座城市曾真真切切地拥有一段完整而有序的犹太人社区生活岁月。宋安娜敏锐地捕捉到了这段历史对于天津和世界的重大文化价值，她认为："研究犹太人在天津的历史具有重要的现实意义。二战中天津庇护了大批犹太人的生命，犹太人怀有深厚的感恩情结，视天津为第二故乡。所以，研究并宣传这段历史，彰显出天津国际主义、人道主义的崇高形象。另外，犹太人曾经积极参与天津的经济活动，在贸易、金融、地产、文化、餐饮等领域都为天津经济的发展做出过贡献，他们中的一些人和家族至今还活跃在美国、澳大利亚、以色列的企业界和金融界；天津犹太人中还出现了一些杰出人物，如著名作家、摄影家、教授等，通过研究，可以扩大天津在国际舞台上的'人脉'，为天津的经济建设和文化建设服务。"①

正是因为其中独特的文化价值，宋安娜采用文化史研究和文学观照的双重方式，探讨了天津犹太人现象，她不仅以全部的细节复现了一群犹太人在天津与众不同的生活，更揭示了天津城市的博大宽容的文化传统。她说："天津是一个非常特殊的城市，在近代史上曾经被九个列强瓜分。许多洋人是扛着枪、炮来攻打天津的，但是只有犹太人，他们是在危难当中投奔天津的。而且犹太文化和中华民族的文化有许多相通的东西。犹太的'二战'难民和天津也

---

① 宋安娜：《记述〈犹太人在天津〉》，《今晚报》2004 年 12 月 17 日。

是和睦相处。通过做这个历史，让世界了解天津的善良。"

同时，这部作品的创新价值还在于极大地拓展了"津味文化"的内涵。津味文化有古老的传统、独特的意蕴，一直是文化研究者所关注的热点。然而，一提到"津味"，很多人首先想到的是"老城里"、"三不管"等带着鲜明的民族性印记的地域文化，而"五大道"、"小洋楼"等则被视为外来的殖民文化，是异己的"他者"。《神圣的渡口——犹太人在天津》超越了这样一种略有偏颇的民族视角，从世界文化的高度，突出了另一种津味文化——小洋楼文化的贡献。诚如作家林希在《神圣的渡口——犹太人在天津》（中文版）研讨会上所言："这本书对天津小洋楼文化（津味）的研究开创了新的篇章。我们过去的小洋楼研究是个误区，我们总在研究我们从西方得到了什么，但这本书开始告诉世界我们小洋楼文化给了世界一些什么。"因此，通过天津犹太人来联结天津文学与世界文学，联结天津文化与外来文化，是一个有趣而且有意义的研究。

德国汉学家顾彬在他的《二十世纪中国文学史》中提出，"世界文学"是"一种超越时代和民族，所有人都能理解和对所有人都有效的文学"。[①] 所以，我们的文学要走向世界，就必须追求世界性。世界性并非一个空洞的概念。不同民族的人所共有的相通、相同的方面即人类共性，它构成了世界性的基础。全球化时代到来后，必将形成建立在人类共性基础上的世界共同体，求同存异成为趋势。当然，这个世界共同体是各民族文化碰撞、交融的产物，世

---

① 顾彬：《二十世纪中国文学史》，范劲、胡春春、吴勇立等译，华东师范大学出版社，2008，第 7 页。

界性离不开民族性甚至时代性，没有民族性的世界性是虚无的。然而，如同世界文学不是民族文学的简单相加一样，世界性也不是民族性的简单相加，而是在碰撞、交融的基础上形成的全新特质。任何民族的文学要想在这个共同体中获得身份，在坚守民族性的基础上还必须去表现它的世界性。

如今，我国年均文学作品总产量在世界上无疑首屈一指，但具有世界性影响的作家却少之又少，可见走向世界远不像提出口号这么简单。民族性和世界性之间的辩证关系其实是一个相当复杂的理论问题，纵使劳心费力地理出个一二三来，要运用到文学创作中也还真不是那么容易的事情。不过，"天津犹太人历史"这个很容易让人联想到枯燥的学术研究的对象，倒是民族性和世界性相结合的极佳的文学素材。宋安娜独具慧眼，抓住这一题材写出了优秀著作，并被翻译到海外出版，这就具有了重要的意义。天津市政协文史委主任万新平在该书英文版出版研讨会上指出，《神圣的渡口——犹太人在天津》英文版是"第一本由我市出版社将本市作家的著作翻译并发行海外，是一个突破性的成功尝试"，可视为对这本书的文学史意义的高度肯定。宋安娜自己在该书的后记中说："犹太人在天津百年历史，越来越引起国内外广泛的关注。因为它不仅仅是一段历史，还是一曲国际人道主义的颂歌，在民族沟通、民族互助、民族文化相生相长的丰富含义上，向世界提供着'天津经验'。"她强调的只是该书在社会文化方面的意义，这也是该书英文版出版研讨会上与会专家学者一致赞扬的地方。但在中国文学正努力走向世界的今天，《神圣的渡口——犹太人在天津》其实也在文学的意义上提供了"天津经验"，也实现了天津文学空间话语与世界文学话语的融合。

下篇 性别视角下的当代文化

引言　文学、空间与性别

作为一种研究文学的视角，"空间理论"是随着时代的发展和文学表现技巧的嬗变而逐渐孕育成长起来的。以空间的阐释来审视不同形态的"文学空间"，可以把握诸如意象型、幻象型和意境型文学空间的各自特点及其表现手段。空间通常被视为一个物理性的存在。然而，空间不仅仅是一个科学的概念，也是一个哲学的概念。在列斐伏尔看来，空间在现代社会中起着重要的作用，他把空间由自然领域向社会、政治和哲学领域拓展。他认为："任何一个社会，任何一种与之相关的生产方式，包括那些通常意义上被我们所理解的社会，都生产一种空间，它自己的空间。"[①] 而且他强调，我们通过对生产的分析已经可以显示，我们已经由空间中事物的生产转向空间本身的生产。空间是富含社会性的，它是生产关系、社会关系的脉络，同时叠加着社会、历史、空间的三重辩证，空间里弥漫着社会关系，它不仅被社会关系所支持，也被其所生产。

空间可以作为生产资料，也可以作为消费对象。同时，由于不

[①]　Henri Lefebvre, *The Production of Space*, oxford：Blackwell, 1991, p. 31.

同的空间承载着不同的景观、场景、物质，以及代表着特定的文化积淀和历史遗迹，它是独特的，因而是具有使用价值的，也是促成被消费的原因。在此，列斐伏尔从空间的生产推出了空间的政治经济学。政治性与其空间的生产连接显然是列斐伏尔的一个重要的理论贡献。当空间可以成为一种政治，那么空间也必须被打上意识形态的烙印，由此可能出现所谓资本主义空间与社会主义空间的区分，这是列斐伏尔对空间生产理论的进一步深化。

居伊·德波（Guy Debord，1931－1994）在《景观社会》中认为，视觉表象化篡位为社会本体基础的颠倒世界，或者说过渡为一个社会景观的王国。他认为，在今天的时代，"景观—观众"的关系本质上是资本主义秩序的牢固支座。正如德波在书中所断言："在现代生产条件无所不在的社会，生活本身展现为景观的庞大堆积。直接存在的一切全都转化为一个表象。"① 景观是德波这种新的理论的一个关键词，原意是指一种被展现出来的可视的客观景色或景象，也意指一种主体性的、有意识的表演和作秀，他用它来概括自己看到的当代资本主义社会的新特质，即当代社会存在的主导性本质主要体现为一种被展现的图景性。人们因为对景观的迷恋而丧失了自己对本真生活的渴望与要求……更为重要的是，景观的在场是对社会本真存在的遮蔽。②

20世纪后半叶空间研究成为后现代显学以来，对空间的思考大体呈现两种向度。空间既被视为具体的物质形式，可以被标示、被分析、被解释，又是精神的建构，是关于空间及其生活意义表征

---

① 居伊·德波：《景观社会》，王昭风译，南京大学出版社，2006，第3页。
② 张鹏：《从"生活空间"到"文学空间"——"空间理论"：作为文学批评方法》，《盐城师范学院学报》（人文社会科学版）2008年第2期。

的观念形态。因而，索亚的第三空间正是重新估价了这一二元论的产物。根据索亚的解释，它在把空间的物质维度和精神维度同时包括其中的同时，又超越了前两种空间，而呈现极大的开放性，向一切新的空间思考模式敞开大门。[①]

从空间理论，我们来进一步看文学创作和文化中所呈现的空间。

文学创作源于对社会生活的艺术升华，生活空间必须转化成文学空间才能实现由此岸世界向彼岸世界的过渡。自然空间向人化空间的转变过程蕴含了作家的价值取向和审美态度。文学空间来源于生活空间，文学空间是生活空间的变形、转化和升华。生活空间要转化成文学空间必须经过作家的遴选、厘定和创造并且包含着作家的审美观、世界观和人文观。"空间理论"立足于从生活空间向文学空间的过渡，充分发掘作家的空间想象方式及其表现手段，探讨作家内心世界的外化规律和价值取舍。

当然，文本并不是单纯反映外部世界。指望文学如何"准确"地和怎样地应和着世界，是将人引入歧途。这样一种天真的方法错过了文学景观大多数有用的和有趣的成分。最好将文学景观看作文学和景观的两相结合，而不是视文学为孤立的镜子，反映或者歪曲外部世界。同样，不仅仅是针对某种客观的地理知识，提供了某种情感的呼应。相反文学提供观照世界的方式，显示一系列趣味的、经验的和知识的景观。称此种观点是主观论，实是错失要领。文学是一种社会产品——它的观念流通过程，委实也是一种社会的指意

---

① 这一观点可参见陆扬《空间理论和文学空间》，《外国文学研究》2004 年第 4 期。

过程。① 迈克·克朗（Mike Crang）因此强调说，文学不是举起一面镜子来观照世界，而是一张纷繁复杂的意义之网。

这正如列斐伏尔的空间是为社会所生产同时生产了社会的理论所示，文学故此同样是一种社会媒介，一个特定时代不同人群的意识形态和信仰，组构了文本同时也为文本所组构。文本组构了作者想说、能说，甚至感到不得不说的言语，同时组构了言说的方式。所以文本是环环相扣的，交织在它们或者是认可或者是有意颠覆的文化惯例之中。

本篇将主要从张艺谋电影、王海鸰电视剧、社会文化中的性别现象等方面，以性别理论的视角来分析当代文化中所呈现的性别文化。

---

① Mike Crang, *Cultural Geography*, London and New York: Routledge, 1998, p. 57.

第七章
张艺谋电影（1988～2005）：
男权社会中的女性

　　张艺谋电影的每次拍摄和上映，都不可避免地会创造出一种"神话"，而这种"神话"总是会以一种不容置疑的姿态呈现在中国乃至世界面前。比如说从武侠片《英雄》、《十面埋伏》到文艺片的回归，又如从带点荒唐杜撰的商业片回归到"一部分真实"的情感故事中，再如《千里走单骑》的再次叩问人性中的真实——亲情的坚韧。

　　法国著名学者列维－施特劳斯（Claude Levi-Strauss，1908－2009），通过对古代神话叙事结构的研究提出了二元对立性。列维－施特劳斯认为神话结构由神话中各基本元素的对立组成，于是二元对立法则成为一切神话的结构原则。在列维－施特劳斯二元对立的基础上，格雷马斯（Algirdas Julien Creimas，1917－1992）提出了"行动素模式"（model actantiel），该模式包括以下分属三种行动素范畴的六种行动素，即三组二元对立。①施动者：发布行动的命令。②接受者：接受施动者的命令或接受行动后果。③主体：执行主动。④客体：行动的对象。⑤帮助者：帮助完成行动。⑥敌手：阻挠完成行动。格雷马斯所追求的目标不在于对个别作品做出解释，而在于阐明生成这些作品的"语法"本质。通过使用两个关系不是对立便是否定的行动素，叙述便体现在这一模式中，"从表面上看，行动素的那种关系因此会产生诸如分离和结合、独立和统一、斗争和调和等基本行动。这种从一方转向另一方的运动，包括在某种实体（性质、对象）的表面，从一个行动素转到另一个行动素，构成了叙述的本质"。① 从列维－施特劳斯到格雷马斯，他们都是从纵聚合轴上来发现叙事作品的深层结构，并探求共同的"语法"规则。二元对立原则为我们提供了新的思维模式，它适用于各个作家不同的作品以及一个作家所有作品的分析。

综观张艺谋所拍摄的数部电影②，我们发现其主题结构具有惊人的相似性，张艺谋电影中所传达的主题总是有一种人性的抗争在其中，这种抗争的来源或是对传统樊笼束缚的挣脱，或是对权威力量的反抗，随着张艺谋电影表现形式和故事内容的不断变化，其中人物的抗争也呈现了不同的表现、形成不同的结果，然而，从影片中还是能够感受到他在营造那种压抑的闭锁世界或曰"铁屋子"的同时，总是会塑造出一些个性鲜明、充满个性解放的人物（尤以女性形象最具典型意义），来打破或者企图打破、尝试改变这个闭锁的世界而追求理想的世界。我们可以其影片中的主要人物为主要线索梳理下来，九儿—菊豆—颂莲、梅珊—秋菊—家珍、福贵—

---

① 特伦斯·霍克斯：《结构主义和符号学》，瞿铁鹏译，上海译文出版社，1997，第90页。

② 这里所指的张艺谋电影主要是指他于1988年至2005年间执导的13部电影作品：《红高粱》，《菊豆》，《大红灯笼高高挂》，《秋菊打官司》，《活着》，《摇啊摇，摇到外婆桥》，《有话好好说》，《一个都不能少》，《我的父亲母亲》，《幸福时光》，《英雄》，《十面埋伏》，《千里走单骑》。

小金宝—安红—魏敏芝—招娣—吴颖—飞雪—小妹—高田先生①。
依照影片中人物之间的相互关系的不同，可以将张艺谋电影分为三
个阶段。第一阶段，从《红高粱》到《秋菊打官司》，张艺谋个性
张扬，其影片中的主要人物——女性——充满了英雄的气势，她们
敢于用自己的行动来反抗压抑的世界以换得自己的自由，无论与她
们对抗、给她们束缚的力量多么巨大，从九儿到秋菊，每一位女性
都是执拗地坚持着自己的理想，决不向强势低头妥协，也正是她们
的倔强换来了她们的自由和解放。第二阶段，到《幸福时光》为
止的张氏电影，张艺谋开始渐入"主流"，电影中这种反抗力量似
乎小了一些，在面对强势的时候，男女主角的"一根筋"精神也
未能战胜对方，而是选择了逃避甚至被强势所战胜从而依然处在强
势的樊篱之中。而在这之后的第三阶段，张艺谋依然不愿放弃自己
对艺术片的执着，即使是那两部被人视为商业片的古装武侠片
《英雄》和《十面埋伏》，依然充满了他对艺术的主张，"唯漂亮主
义"之称足以为一个明证，而其新片《千里走单骑》则又是一部
十足的艺术片了。在两部古装片中，这些人物追求解放的个性再次
凸显了出来，或许是因为历史和现实距离的拉开，张艺谋再次在影
片中显示出了他内心深处对这种理想和浪漫的执着追求，让电影中
的女主角在强势面前显现出她们的执着和勇敢，虽然最后她们都是
以个人的牺牲作为结局，但是这种牺牲也更加透露出了悲壮的崇
高，其对强势的抗争也因为牺牲而越发地卓著；其新片《千里走
单骑》中，主角不再是张艺谋电影所独有的"谋女郎"，而是高仓

---

① 《千里走单骑》可以说是张艺谋第一部不以女性为主角的电影，影片中的高田先生个性
中也依然具有张艺谋电影中的女主角们所具有的种种性格特征，尤其是"一根筋"的
执着。

健所饰演的高田先生——一位与儿子十多年没有来往却想通过努力来给身患绝症的儿子一个慰藉的父亲，他只身来到云南一个偏僻的小山村，为儿子拍摄民间傩戏艺人李加民的拿手绝活《千里走单骑》的表演，戏剧性的是，李加民和他的私生子扬扬也是一对矛盾，李加民为了自己从未见过的私生子而进了监狱，但是，扬扬却不接受这个只是血缘关系上的父亲。两对父子的矛盾，因儿子的行为而有不同，健一临终前理解了自己的父亲，也明白了人不应该戴着面具生活。另外，在找寻扬扬的时候遇到的那个倔强而可爱的村主任——和主任，还有纯朴善良、收养了扬扬的村民们，他们给主角——高田先生的对抗都是暂时的，而且是善意的。最终，双方没有了反抗而达到了和谐统一。

下面，对张艺谋电影中的两种对抗性的力量分别阐述，在这种结构的分析中，也可见出其主题的深意。我以为，张艺谋对待本土的文化是严肃而慎重的，他用他的电影表达的不是猎奇心态和炫耀心理，恰恰相反，是对这个古老民族文化内涵的深刻而凝重的反思。我们主要选择其影片人物形象作为切入点，解读他对于民族个性的种种态度：寄托、热望、理想、审视及批判。

张艺谋电影体现个人与秩序、人性与传统冲突的主要手段就是对人物形象的塑造。他塑造人物不以表现人物的具体形态、人性及其个人心理为追求，他想表现的是一种具有抽象性、普遍性的人，可以说是某种类型的人，而通过这些单个的人来表达某种情绪、某种思想，从而使这些人物有第二种身份，成为负载意义的一种表现符号。这也体现出了黑格尔美学思想中的艺术典型观，他"不把人物看作抽象的东西，而是把它看成和历史环境是不可分割的"，他也看出了"人物性格是矛盾对立的辩证发展的结果。这就是他

136

的'冲突'说。人物处在具体情境中，发现了冲突，即成全某一理想就要破坏另一理想的两难境遇"。而且，他提出这种"理念毕竟要通过感性形象来显现。有了这种感性形象的显现，才算有了艺术作品，也才算有了典型人物性格"。[①]

第一节　压抑和闭锁的世界

客观来讲，张艺谋电影让人看来并不轻松，即使号称有喜剧色彩的《有话好好说》、《幸福时光》，思考其中的深意时也总会体会出一种沉重。不可否认，张艺谋思想中承载了很多表现中华民族历史的使命感，很典型的就是用各种电影造型和表现手段去显现传统文化中所蕴含的深深的压抑以及由此而形成的"闭锁的世界"。在影片中，我们可以看到那些年代久远且时空模糊的边缘地区，青砖灰瓦的深宅大院，古老的手艺和严格的家规，被欲望和人性压抑、被宗法和信仰束缚的男女主人公，这些影像都被幻化为一个寓言。影视批评家尹鸿曾经这样描述，"这些作品大多提供了一个没有特定时间感的'铁屋子'的寓言。这一铁屋子的意象是由那些森严、稳定、坚硬的封闭的深宅大院，那些严酷、冷漠、专横的家长，那些循环、单调、曲折的生命轨迹所意指和像喻的"。[②] 实际上，这一"铁屋子"意象在深层意义上也是古旧中国的象征、民族劣根性的隐喻。本文将选择几部特征明显、有较强标志性的电影来论述，从中展现张艺谋电影所营造的压抑和闭锁的世界及其变化表现。

---

① 朱光潜：《西方美学史》，人民文学出版社，2002，第687～688页。
② 尹鸿：《世纪转折时期的历史见证——论90年代中国影视文化》，《天津社会科学》1998年第1期。

一　对抗性的强势

《红高粱》可以分为前后两个部分，前半部分是抗战初期，"我"奶奶出嫁，做了酿酒坊的掌柜之后酿出了"十八里香"，在这部分，那个有麻风病的烧酒坊主李大头、远近闻名的土匪秃三炮都为追求自由的九儿和余占鳌造出了一个企图束缚他们的"铁屋子"，那间阴暗的酒坊是一种符号的象征。后半部分是日本侵略军进了村，强迫老百姓修筑公路。为迫使中国人服从统治，他们惨无人道地把反抗者罗汉大叔剥皮示众。这个时候，我爷爷和我奶奶面对的就是外来民族入侵所形成的牢笼，他们的所为已超出前半部分的意义而更多了民族情绪在其中。因此，这部影片营造出的是一种双重的压抑。

《菊豆》中，杨金山代表顽固、残酷的封建宗法制度，杨天白更是伦理报应、生死轮回的符号，在这个未成年人的性格中承载了冷漠阴沉、精通世故、宗法卫道、残忍狠毒等性格特征。杨金山虽然已经无力承担起传宗接代、延续香火的义务，却占有着"父亲"之名（天白称他为"爹"），这位名义上的"父亲"实际上是礼法制度的一个执行符号。他死于染缸，起因只是天白一次看似偶然的失手，年岁尚幼、混沌未开的天白无意中成为弑父者。相反，天青实为天白的生身父亲，却不具备"父亲"之名而只是"哥"。"挡棺"那场戏中凝聚着一种挣脱不开的情绪张力，在天青和菊豆这一方，是无奈的悲痛和绝望的臣服，而在那个眩光闪烁的仰拍镜头中，我们看到的是天白手捧牌位端坐棺材上的冷漠，这是他作为"父亲"继承者的命名仪式——他将继承杨家染坊，同时也继承"父亲"之名。影片中更有意味的是，天青同样死于染缸中，区别于前一次"父亲"杨金山的死，这一次是蓄意的弑父事件。在这个影片的表层故事中透露出的焦躁、绝望爱情，其中也渗透着中国传统文化的精神气质。在观众的期待视野中，都不可否认影片对传统文化陈规力量的触摸和具有创意的表现。

《大红灯笼高高挂》表现了命运的戏剧性和寓言性。影片中的"红颜"（女性）和"红灯笼"也是一一对照的，灯笼挂在哪里，荣耀和欢欣就在哪里，灯笼成为女性所谓"幸福"的象征。然而，从影片中我们可能解读出来的却是这样的意蕴：这些灯笼只是一所封闭的、阴冷的、寒气逼人的"铁屋子"中的几许装饰品而已，它是男性权力和寻欢作乐的标志，也是对女性进行欺骗和侮辱的标志。影片中的男主人公陈佐千成为一种"缺席的在场"，但是这个如影子般的人物，其权力和淫威却无所不在、无时不在。这就使得这一具体的人物变成了一个语言中的抽象符号：权力淫威的象征。而用以保证这种权力和淫威的空间是"陈家大院"，在这方空间中，生活被种种由权力中心所定的"规矩"所统摄，凡是违背"规矩"的人，最后都无处可逃地被"规矩"所消灭，这种所谓的"规矩"实际上又是权力中心的再现。整部电影，貌似叙述了一个"妻妾成群"的故事，中间安排的又似乎是女人和女人之间天然的矛盾冲突，但是提供给我们深沉思索的，是一个古老的"规矩"对人性的扭曲、压抑乃至扼杀的寓言文本。至此，我们似乎看到了抗争者的逐渐缺席，九儿身藏剪刀被人抬到十八里坡，菊豆被杨金山牵着毛驴领到了染坊，而颂莲则是以一种自愿者的身份自己走进了陈家大院。

《秋菊打官司》所寻求的只是要个"说法"，所谓说法只不过是让村长向她低头认错。其实这是一个不简单的说法，因为这是让权威者（官）向普通百姓认错，这是对权威话语的破坏，这是向传统秩序挑战。然而权威话语却建立了一套相当完善的体制，从村到乡又到县再到市，这一级级所建立起来的话语体制是不容易被破坏的，所以从她走上告状征途的开始就形成了个人话语与权威话语之间力量的悬殊，个人无论如何努力也走不出权威话语的控制，秋菊最终还是接受了他们，当她要感谢村长的时候已经是她顺从强势的时候了。

二　消退与融合的强势

到了《有话好好说》这部以城市生活为题材的喜剧电影，明显地表现出了眼花缭乱的城市所给人的压抑与简单传统的农村所形成的压抑的不同，张艺谋这里使用了电影镜头的特殊性来表现这种特点，运用 360 度的摇拍肩扛拍摄，带来了画面的巨大震荡，从而造成了动荡跳跃、扑朔迷离的特点，抓住了城市生活最本质的特征。这部片子还拍出了城市人之间的隔膜，形形色色的人汇聚在城市里，只是出于利益的或金钱的需要才肯出手帮忙。比如赵小帅在街头挨打，周围只有围观的群众，张秋生也是因为赔电脑的要求才会劝阻赵小帅"剁手"。因此，他的电影不仅拍出了当代城市生活的一种模式，更重要的是拍出了当代生活的一种情绪。这里和人物形成对立的就不是一个具体有形的人物，而是一种虚泛的城市的浮躁情绪和人物形成了这种难以摆脱的压抑。

《一个都不能少》以一种原生状态的写实方式给我们讲述了一个寻找的故事，这是一次冷漠与温情的对抗、金钱与友情的较量。它在呼吁人们关心农村教育，同时蕴含了对人际关系的忧虑与感叹。通过影片我们可以归纳出以下几对二元对立项：魏敏芝与城里人的对立，农村与城市的对立，寻找与失望的对立，激情与冷漠的对立。

《我的父亲母亲》中，这种压抑的对抗性力量空有一个形式存在，其实质也同化到了抗争者的一面，正如电影旁白中说的，母亲是十里八村的第一个自由恋爱的人，村子里的人也接受了他们的爱情。在这里，这种前面影片中所着力渲染的压抑的封闭世界中的强势一定意义上已经失去其存在的空间。

三　重现的强势

然而，到了他的两部武侠作品《英雄》和《十面埋伏》，前此渐消的闭锁世界的力量又出现在了电影中，极具皇权威慑力的秦王一身黑色铠甲，在他的戒备森严的宫殿中，笼罩着一种黑暗的压抑，无论是红色的妒忌、绿色的田园，还是白色的纯洁，都最终在秦王的"天下"消失殆尽，刺客们用自己的死去来捍卫这种不可抗逆的压抑。而《十面埋伏》中压抑的力量来自两个方面——飞刀门、官府，在帮规和权势的压制下，一切都如同密密匝匝的竹林一样，让人无以逃脱。而且，影片是以爱情来讲述，三年的苦苦等待和三天的形影相随所产生的两种不可比拟的爱情也无形中为这个闭锁的世界增添了更多的压抑。

当然，强势的力量总是会减弱的，而且张艺谋也不会放弃自己对人性的追求，在《千里走单骑》中，可以看到两组对抗，一组是高田先生对儿子健一的压抑，另一组是和主任对高田先生和扬扬的压抑。作为父亲的高田先生和自己的儿子已经有十多年没有来往，足见父子之间的对抗之强烈；后来高田先生为了给罹患癌症的儿子一个慰藉，从日本来到中国的云南录制中国的民间傩戏表演，一切当然也不是顺风顺水的，找到儿子想拍摄的民间艺人李加民已经是很困难了，更不要说让他唱傩戏了，因为，他已经伤了人而被政府关进了监狱，于是高田先生要为此而与另一种力量来对抗，那就是和主任与村民这些代表着官方或者是民间的一方。当然，这里的强势显然已经不是那么强烈了，他们在亲情面前都显示了柔性，这里的强势都是温情的，他们在最后与抗争的一方以和谐而告终。健一临终前留给父亲一封信，明白了父亲的做法，十多年来父子之间的隔阂，冰释雪融，虽然儿子已经没有机会来补偿，虽然坚强的父亲默默地留下了两行泪水，但是父子内心中的那份情却真真正正地被铭记了下来。而和主任与村民知道了高田先生的意图之后，他们倔强而执着的争论变作了善良的纯朴，那一顿绵延不绝的百家宴，还有他们为了找寻这位高田先生和扬扬，在夜晚举着火把漫山遍野地奔走，又怎一个"情"字了得？于是，温情的强势出现了，却终于与抗争的一方和谐了。

第二节　抗争和理想的世界

张艺谋常说要拍"好电影"，他所谓的好电影是指"表现人的故事，这是最基本的。拍人的故事，表现人的情感，这是我电影永远的主题……好电影的标准，我觉得就是'三性统一'吧，艺术性、观赏性、思想性"。[①] 因此他的电影总是通过个性鲜明的人物来表达电影主题。而且他电影中的人物（尤其是女性）都有一种大致相似的性格特征：倔强、执着，个性较强，有的甚至带有个性

———————————

① 《〈一个都不能少〉剧组与南京大学学生公开对话》，《服务导报》1999 年 4 月 25 日。

解放的意味。他们都曾对命运、对秩序、对压迫者有过反抗。尽管这些反抗我们很难把它们称为一种自觉的行为，但是它们表现出了人物内心或者骨子里所强烈具有的对强势的反抗，他们或许被囿于传统的樊笼中，然而人性意识的觉醒使他们开始做出种种抗争，以寻求自己所追求的理想世界。这里，依然只是选取几部特色很明显的电影来进行分析，从中展示张艺谋思想中所深含的浪漫主义理想。

在多数张艺谋电影中，中国传统那些被社会规定的美德在其人物身上是很难找寻的，这些美德以自我牺牲为其特征，其出发点是以消极、保守的人生态度去换取人际关系和社会关系表面下的和谐。然而，张艺谋电影人物的性格魅力来自另一个方面，他们的生存和命运都不约而同地涉及与某种意志的较量：争婚姻的自由（《红高粱》），争一个名分（《菊豆》），争老爷的宠爱（《大红灯笼高高挂》），争一个说法（《秋菊打官司》），争一份自己的爱情（《摇啊摇，摇到外婆桥》），争高老师嘱咐的"一个都不能少"（《一个都不能少》），争教书先生的爱情（《我的父亲母亲》），争与皇权抗争的天下和平（《英雄》），争随风般的自由和触动内心的真情（《十面埋伏》），争亲情的执着与心灵的慰藉（《千里走单骑》）。与传统的恪守旧道德规范不同，影片中的人物更多的是通过执着的抗争，试图改善自身的处境。

一　抗争的坚强

《红高粱》中，我们从电影的造型表现等外在形式可以看到张艺谋为人物所创造出的理想的个性世界。影片中，太阳被置于后景，正对着摄像机营造的艺术画面，人的热情和红高粱的张扬交相呼应。张艺谋用"我们的故事",通过全新的镜头影像向传统的剧情电影发起挑战。今天,我们完全可以理解红高粱的热情,而 20世纪 80 年代末,人们经历了社会动荡之后生活刚刚有所安定的时候,也许还无法想象和理解"人活一口气"怎能这样强烈地表现出来。莫言在 1987 年 11 月撰写的《也叫"红高粱家庭"备忘录》中评价这部影片,"富有浪漫精神和传奇色彩,做到了野蛮与柔媚的统一、崇高与滑稽的统一、美丽与丑陋的统一、诙谐与庄严的统一"。[①]

"天,什么是正道?什么是善良?什么是邪恶?你一直没有告诉我……我为自己做主,我不怕罪,不怕罚,不怕进你的十八层地狱……我什么都不怕!"[②],这是九儿的质问和宣言,也是《红高粱》和张艺谋的宣言,宣告了他们对沉默与忍耐的反抗,宣告了一种痛快淋漓的人生态度,宣告了一种新的人生的开始。

这里透露出的是原始的自然之景,有的是充满野性与自然生命力的红高粱,这种强劲的原始生命力扼制了一切非生命的力量,从而达到了人类原始之初的和谐之美。革命者"我爷爷"和"我奶奶"与被革命者李大头之间的暴力关系在瞬间便完成了,他们在对统治者进行革命的时候是如此地坚决、没有任何犹豫,"我奶奶"上轿前的一把剪刀呈现强烈的反抗意识,"我爷爷"消除李大头是如此利索干净。他们发动的革命是如此豪爽,没有任何扭捏:在一阵唢呐的齐鸣声中,一片片血红的高粱随风劲舞,我爷爷凶狂地踩倒高粱,踏出一块圆形的"祭坛",把一身红装的我奶奶平放

---

① 莫言:《也叫"红高粱家庭"备忘录》,《大西北电影》1988 年第 4 期。
② 韩秀凤、晓海编选《张艺谋为艺谋不为稻粱谋》,湖南文艺出版社,1996,第 103 页。

上面，我爷爷慢慢俯下身去，野性十足的红高粱为他们狂舞。这是对他们的赞美，透露出一种原始的本真，超越理性、文化秩序追求本性的洒脱。可以说这是一次成功的革命，通过对压迫者权力的剥夺，从而实现了人性的和谐。对于这段镜头，"第四代"著名女导演张暖忻曾这样评价，"在这场戏里，影片制作者对高粱的造型形象处理有几点特别值得注意。首先，影片给我们看到的既不是红高粱，也不是绿高粱，而是在逆光之下拍摄得浓重的几乎失色的黑高粱。其次，影片利用摄影机追随着人物在高粱地里快速地移动，造成高粱秆从镜头前闪过的强烈的动感，又利用狂风劲吹，使高粱剧烈地大幅度摆动，形成一种山河动容的气势。经过这样的艺术处理，高粱成为这场戏的一个角色（甚至可以说比人物还要重要的角色）参与了表演。充满银幕的枝叶茂密的青纱帐，就像那两位正值人生盛年的男女主人公，洋溢着生命的活力。当这两位主人公违背上苍安排的命运，自己去追求幸福和欢乐的时候，黑影重重的高粱在狂风中凄厉而倔强地摆动，像是这两位主人公灵魂的颤抖、心灵的律动。它带给人一种悲壮的情绪，使人感到他们的结合是生命的愉悦，也是生命的抗争。它是欢乐的又是痛苦的，是圣洁的又是肮脏的，是崇高的又是卑微的，是光明磊落的又是见不得人的……随着一声唢呐的呐喊，人们的心绪被推上了百感交集的顶峰"。①

九儿是张艺谋最初设计的女性人格，这一形象无疑是张艺谋期待视野中女性的一个理想化身，也是他为自己电影中的抗争力量所定下的一个理想的标准，她率性而为、真诚坦荡、轰轰烈烈的人生

---

① 张暖忻：《红了高粱》，《当代电影》1988 年第 2 期。

态度正是张艺谋内心所要表达的"痛快淋漓的人生态度",她身上所散发出来的野性光芒是对这个古老民族沉闷而压抑的传统人性的一种反叛,也是对民族活力的呼唤。

《菊豆》中,这种审视、反思与批判还在继续。菊豆作为一个健康女性无法忍受杨金山的暴虐而投入在互爱基础上的杨天青的怀抱,她个性中的主动与热烈仍然残存着《红高粱》中"我奶奶"的痕迹,但张艺谋在菊豆的身上已经不像在"九儿"身上寄托全部的理想和期望,而是热情的肯定与冷静的审视参半,一方面他仍在张扬那种轰轰烈烈的生命冲动与生命勃发,另一方面他开始反思与批判人性压抑背后的传统文化。作为一个追寻个体自由与个人幸福的女性,菊豆的反抗行为仅局限于那个牢狱一般的染坊大院内,这使得张艺谋面对菊豆时不无欣赏又不无悲哀。菊豆可以在残废了的杨金山面前带点示威色彩与杨天青相亲相爱,但她的反抗在家庭及以家庭为代表的宗法势力面前无能为力,她做出了妥协,这注定了她和杨天青悲惨的生命结局。

而《大红灯笼高高挂》则在反思传统文化等外部因素的同时转向对女性自身奴性人格的批判。几千年的封建文化将女性置于"像狗、像猫、像耗子可就是不像个人"(颂莲语)的悲哀地位,而为了求得生存,在被传统和宗法压迫的同时,女性与女性之间又进行着钩心斗角的斗争,这更增加了女性自身的悲剧性。二太太、三太太、四太太颂莲和雁儿之间的争宠及各自的悲剧结局是张艺谋反思的重点。颂莲仍带有九儿、菊豆的影子,她个性深处固执而倔强的反抗因素使她不甘居于被规定好的位置之上,所以她在一切可能的条件下对抗所有来自外部的压抑:对老爷发脾气、报复二太太、发泄对雁儿的不满等。但这个弱女子所有的反抗在"陈府"

这个阴森而封闭的大院之内只能像一只虫豸的无力挣扎，对现状构不成任何改变，而她自己却为这小小的"反抗"付出了惨重的代价。"封灯"剥夺了她作为一个活的个体的全部存在价值，而这"价值"也不过体现在对男性、权威的服务上，因此她虽生犹死。

二　对抗的平和

电影《活着》呈现给我们的是"笑中含泪"悲喜交融的艺术风格。虽然打动观众的是浓重的悲剧意味，但影片中幽默之处达十几处，在片尾我们看到的是一个差不多还完整的家，福贵、家珍、二喜和馒头，一家人在经历了巨大的悲痛之后安详地生活着，馒头在外公的皮影箱里养了几只活泼可爱的小鸡，生活充满了希望。馒头的小鸡慢慢会变成鹅变成羊。在这个看似有点苦楚的结尾，我们也看到了影片所传达出的抗争者向强势的统一。

而在城市喜剧《有话好好说》中，从影片开始到结束，出现的人物有书贩、收破烂的、盲流、普通市民、富婆、大款、警察、的哥、无业游民、厨师、打工妹、退休老太太、穷书生，涉及的职业类型达十三处之多。这些人物，均是没有权利和地位的普通百姓，不管是阔绰的还是贫穷的，他们合在一起构成了现代中国都市的主体。张艺谋看似不经意地把这些人聚拢在自己的镜头之下，真实地再现了现代都市的原貌。他们在面对浮躁的都市生活的时候，还依然能保持一些对生活的理想，这恐怕是另一种变相的对压抑的抗争吧。这部影片的改变在于从乡村到城市，从沉重变得看似轻松，然而张艺谋致力追求的东西仍没有变。他用电影寄予自己对生活的思考，使影片具有一定的内涵，而不只表现为单纯的调笑。

几乎是一部纪录片的《一个都不能少》展示出一个和真实似

乎没有距离的现实生活，那些处于偏远落后地区的农民生活是最为艰难的，他们的贫困程度触目惊心。历来忍辱负重的农民依然固守着贫困艰难地生活着，他们需要援助。于是在影片的结尾，我们看到"生活七彩桥"对魏敏芝寻找张慧科的事件进行报道，引起了社会的广泛关注，汽车拉着大量的援助物品驶往水泉村。有了援助，魏敏芝上课就不必为粉笔大动干戈，水泉小学的孩子们就有了希望，中国依然处于贫困中的农民也有了希望。这难道不是他们所追求的理想的实现吗？

三　抗争的无措

让我们接下来看《英雄》。张艺谋曾在海外媒体上对《英雄》做过这样的剖析，"《英雄》不仅仅是一部武侠片，我实际上是用这部电影讲述一个发生在中国古代的东方童话，我在这部片子里加入了很多我对中国文化的理解"。①《英雄》的武侠世界虽然不具有史诗的恢宏气势，但是张艺谋以他精心营造的天马行空、充满阳刚之美的武侠奇观以及浪漫、诗化的意境，铺排给观众一个以秦灭六国、英雄盖世为古老背景的视觉盛宴。这也可以理解张艺谋在如上所述的接受海外媒体采访时所说"东方童话"的历史寓言。这部影片中，飞雪是一个执着的抗争者，无论是在红色的浮躁情绪讲述下，还是绿色的恬静中，或是白色的纯洁天地中，她的刺秦意志都是极其坚定的。尽管最后，飞雪们在秦王的皇权之下消解了自己的肉体，但是她们意念中对"天下"的理解却深深地和秦王的"天下"产生了无形的共鸣。

----

① 《张艺谋：中国人不会永远青睐外国大片》，美国《星岛时报》2002 年 4 月 9 日。

　　对于《十面埋伏》，张艺谋曾说："《十面埋伏》不是·部普通的武侠艺术影片，而是在动作片中加入爱情故事。"①而且，这部影片在武侠片的类型重构、武与侠的意境营造、打斗场面的奇思妙想上，再加上众多国际明星荟萃的组合上，无不别具特色地呈现一种富于历史悲怆意味的东方武侠传奇的神韵。影片中，小妹和金捕头、刘捕头三者之间的关系是多重复杂的，既有帮派的门规，又有官府的权势，这样的双重压迫之下的抗争就更加具有了传奇的意蕴。小妹和刘捕头同为飞刀门的手下，为了飞刀门的利益，他们牺牲了自己的爱情而苦等三年；金捕头出于官府的利益假扮侠士救出小妹，以刺探飞刀门的下落，三天的如影随形的相守，使他们互生强烈的爱慕。为了彼此所选择的爱情，他们打破了门规和官府的权势的压抑，但是，在漫天飞雪中，当他们为了自己的理想拼杀时，已经陷入官府的围追，无论他们输或赢，似乎注定他们是别无选择的，刘捕头迈着趔趄的脚步不知走向何处，金捕头怀抱死去的小妹吟唱起那首《佳人曲》，在白皑皑的雪地中也难以预知将来如何。

　　而《千里走单骑》中，强势再现，却充满了温情，于是，这种抗争也失去了目标，或者是双方达到了另外的和谐而使得反抗失去了必要。在第一种对抗中，健一与父亲高田先生的关系中，尽管父子之间隔阂十多年，但是，当父亲用自己的亲情来为儿子实现愿望的时候，儿子的抗争必然失去意义、失去方向，因为儿子与父亲已经融合在一起。而在第二种对抗中，可以说，最初的抗争来自语言的障碍，当和主任和村民知道了高田先生——这位陌生的好人——的意图后，那绵延不绝的百家宴，那夜晚在山野里闪烁的火

_____

①《十面埋伏》，美国《纽约时报》2004年5月24日。

把，也足以把一切压抑融化，为了扬扬与亲生父亲，为了高田先生
与儿子，这种人性中的"情"战胜了一切。在影片最后，当锣鼓
铿锵、台上人影闪烁的时候，李加民唱傩戏的高音豪迈而苍凉地响
起来了，高田先生手中的摄影机静静地录下这一切。这是一位老人
的寻找，这是一位父亲的悲鸣，一切的抗争都因世间最真挚的亲情
而和谐地融合在一起，这片土地和这片土地上的人都是这种抗争与
融合的见证。

第三节　两种力量的结构关系

如上所述，张艺谋电影中主题的表达可以通过两种力量来进行
一种结构的分析，上面对张艺谋电影中的两种力量做了一个历时的
梳理，然而一部电影终究是共时地展开故事主题的，故而，我把张
艺谋电影中有关内容列成下面这个表格，使前述的分析更明了一
些。

表 7 - 1　两种力量的关系对比

	压抑/闭锁世界	力量变化及趋势	抗争/理想世界	力量变化及趋势	双方关系	结果
《红高粱》	李大头、秃三炮，日本人	非常强大（强）	我奶奶（我爷爷）	如英雄般的坚强（强）	坚强抗争而至全面胜利	抗争者英雄般的胜利
《菊豆》	杨金山、天白，族人	肉体和精神的束缚（渐强）	菊豆（天青）	孤独无依的反抗（渐弱）	抗争在宗法前软弱退缩	抗争者的孤独使得强势取得实质的胜利
《大红灯笼高高挂》	陈佐千	权力的巨大威慑（更强）	颂莲、梅珊	强势下的逐渐消退（更弱）	抗争过，却终向强势妥协	强势压过了反抗的力量

续表

	压抑/闭锁世界	力量变化及趋势	抗争/理想世界	力量变化及趋势	双方关系	结果
《秋菊打官司》	王善堂、其他官员	对抗的减弱（渐减）	秋菊（庆来）	坚持要个说法（渐增）	讨个说法而至无所适从	顺从时的震惊和茫然
《活着》	龙二、春生、医生	并非决然对抗（弱化）	家珍、福贵、有庆、凤霞	安贫（弱化）	抗争之后的平和	淡漠中坚韧地活着
《摇啊摇，摇到外婆桥》	唐老爷、宋二爷	混沌世界的凶残面目（强硬）	小金宝、唐水生	有限的反抗无疾而终（渐强）	表面的合欢掩盖压抑和抗争	肉体消灭和精神钳制
《有话好好说》	刘德龙，浮躁的社会	令人目眩神迷（强）	安红、张秋生、赵小帅	漂移不定（减弱）	浮躁不安的无所适从	各种错位的尴尬
《一个都不能少》	城里人	漠视（渐弱）	魏敏芝、张慧科	执拗（渐强）	对立而至同情	获得帮助
《我的父亲母亲》	村长	化解矛盾（更弱）	招娣、骆老师	执着的追求（强）	寻求统一	赢得所愿
《幸福时光》	胖女人、吴爸爸	追求一己之利（亦弱）	盲女吴颖、老赵	乐观、豁达（坚强）	无奈的选择	一无所有地描画未来的幸福
《英雄》	秦王及朝臣们	天下和皇权的不可抗逆（渐强）	飞雪、残剑、无名、长空	坚定的刺秦意志力（强）	不同立场，为了天下	抗争者的自我消解，仅留存下意念
《十面埋伏》	飞刀门，官府	无处不在的威慑力（更强）	小妹、金捕头、刘捕头	求一份自由和真情（强而无果）	个人在集团利益下的选择	无处可去，无以逃遁
《千里走单骑》	1. 高田先生；2. 和主任、村民	初反对，而后理解支持（弱化）	1. 健一；2. 高田先生，扬扬	内心中对亲情的渴求（坚强且顽强）	人性中本真的对于"情"的执着	压抑与抗争在亲情面前的和谐与融合

　　《红高粱》可以说是张艺谋个性最强烈的一个表现，无论是闭锁世界的强势力量还是抗争者为了自己的理想国而奋斗，都体现出了一种酣畅淋漓的人生态度，这里的两种力量应该说都处于制高点上，不妨以此为基点来评析此后的电影。后来的电影中，各种力量的变化显然或强或弱于此。《菊豆》中压抑和闭锁世界的力量显得

强大了许多，这种强势一定程度上应该是抗争者的软弱和孤独而致。《大红灯笼高高挂》中的抗争者，因为其内部的争斗而使得闭锁世界的力量更加强势，最终只能以妥协收场。《秋菊打官司》原本就是为了面子而坚持讨个说法，当最后她认为面子有了，不要对抗、想要顺从的时候，原本并不坚强的闭锁世界却失去了，使秋菊空落入一种无所适从的茫然。《活着》始终要说的是，"活着就好"，只要能活着，抗争与否并不重要，双方终究走向的是一种平和。到《摇啊摇，摇到外婆桥》时，这种抗争又在隐忍中出现了，但是，面对凶残的强势，抗争者终被肉体消灭，或者预示着精神上将要被钳制。《有话好好说》使用游移不定的电影语言显示我们民族的心理状况和大众情绪的跳动脉搏，在这个社会中，我们面对的似乎总是人与人、人与社会的种种尴尬的错位。《一个都不能少》的创作初衷应该来自一种底层眼光和底层关注，因此这部影片体现张艺谋一贯的东西：平民意识、底层关注和底层同情。无论双方如何对立，最终都是获得彼此的接受和帮助。而在《我的父亲母亲》中，闭锁的世界似乎已经很微弱甚至不存在了，双方都是在尽力寻求彼此的统一，因为闭锁世界的不存在，抗争者的力量也随之减少，全心去求得与教书先生的一份爱情。《幸福时光》的结尾（读信）是很让人深思的，尽管得不到实实在在的幸福，抗争者却没有痛苦、没有绝望、没有呼天抢地，更没有铤而走险。他们在创造的幸福破灭后，又去努力创造新的幸福；在创造的实在幸福破灭后，又去创造虚幻的幸福（如读信）。这就是结尾镜头从特写拉至大全景，小人物最后变得蝼蚁一般，但创造、期盼幸福的声音（读信）依然不断所带给我们的思考。《英雄》的武侠世界虽然不具有史诗的气势，但是张艺谋以那种天马行空、充满阳刚之美的武侠奇观以及浪漫、诗化的意境，铺排出一个以秦灭六国、英雄盖世为古老背景的视觉盛宴，闭锁世界又复归强大，而抗争者也依然坚强，但终究不能如九儿那样战胜强势，只能让自己从肉体上消亡，从而在意念中留下所追求的理想。后来的《十面埋伏》把这种强势扩大为帮派和官府的双向抑制，抗争者们坚强地抗争着，但是无论如何努力争取也难逃这重重的闭锁，而最后在包围中无以选择，空落落地茫然走向一个未知的去处。而在《千里走单骑》中，强势的力量又逐渐地被弱化了，因为导演对人性中"情"的执着，压抑的一方终究是要被抗争者融合的，于是我们看到了，无论是对于儿子健一而言的父亲高田先生，还是和主任与村民们，都是在一种短暂的对抗之后，转而理解并支持对方，故而，我们看到了高田先生从日本只身来到中国的云南拍摄傩戏《千里走单骑》的表演，也看到了倔强的和主任和善良的村民们对这个外来的好人的真情，难道这不也是对《千里走单骑》的另一种语义解读吗？

第八章

王海鸰电视剧：家庭中的女性

第一节　女性，家庭中必须承受之轻

一　"婚姻三部曲"：时代社会的镜子

王海鸰被誉为"中国婚姻第一写手"，近年来把婚姻家庭作为她反映现实社会的主要题材，她通过对不同时期婚姻家庭的描写，塑造出不同的女性形象，反映女性在当今婚姻中的痛苦、困惑，以及婚姻中，女性在诸多因素影响下的生存状况，警醒女性：在精神和人格上要保持独立，以免被男权意识所淹没，这是守望幸福的必要前提。她的作品由此来透视中国家庭，透视整个中国社会文化。正如钱穆所说："'家族'是中国文化的一个最主要的柱石，我们几乎可以说，中国文化全部从家族观念上筑起，先有家族观念乃有人道观念，先有人道观念然后有其他的一切。"① 其代表性的"婚姻三部曲"（《牵手》、《中国式离婚》、《新结婚时代》）从不同角

---

① 钱穆：《中国文化史导论》，上海三联书店，1988，第42页。

度关注女性的生存状况，真实记录了时代的变革，引发了读者、观众和专家们对婚姻问题的热烈讨论。

我们可以从一些事实和数据看出"婚姻三部曲"在社会上的强烈反响。

由吴若甫、蒋雯丽主演的电视剧《牵手》1998 年在中央电视台首映，后又在央视播映数次，每次的收视率都居高不下，被誉为"中国荧屏的《克莱默夫妇》"。[①] 而在各地方电视台的播映，更是创造出了较高的收视率。不仅电视剧好看，同名小说也创下了出版印刷 26 万册的佳绩，显示了作品的"双丰收"。而且，在 1999 年中央电视台的春节联欢晚会上，两位主演"牵手"登台，成为晚会的亮点之一，足见作品在社会上的影响之大。

《中国式离婚》是继《牵手》后的又一部力作，讲述的是每一个人都需要面对的婚姻问题，被喻为当代婚姻"启示录"。[②] 由此改编的电视连续剧由陈道明和蒋雯丽担纲主演，电视剧首播时，每天的收视率都达到 5% 以上。后来，在全国各地电视台的黄金时段陆续播出后，更是长期占据各地收视率榜首，在观众之中掀起热烈的讨论，很多电视台为此都适时安排了重播，有人甚至预测它将成为当年社会反响最强烈、观众最多、最赚钱的电视剧。电视剧的热播，也大大带动同名小说的销售。

而《新结婚时代》2006 年 10 月面市，在面市之后很短的一个月内，就已经三次印刷，销量达 16 万册。而且，这部由刘若英、郭小冬、梅婷主演的同名电视剧首映之时，制片人称，播出三天

---

① 乌力斯：《王海鸰 OBJ 从"牵手"走向"中国式离婚"》，http：//news. sina. com. cn/s/2005 - 05 - 27/13326767429. shtml。

② 《中国式离婚——当代婚姻启示录》，http：//fashion. qq. com/zhuant/divorce. htm。

后，平均收视率一路飙升，达8.1％之高。之后，该剧在地方台的黄金时段播放，新浪网为该剧设置了话题，论坛里人气极旺。①

这些足以显现"婚姻三部曲"所引起的"震荡波"，这种影响不是空穴来风的，实是因为她们深深地触动了人的内心。因此，在作品所引起的巨大的社会关注背后，我们更应思考的当是作品本身带给我们的启示。三部曲强烈地传达出了这种观念：女性应该拥有自己完全的独立人格，独立人格才是爱的永恒魅力；一味地迎合，可能注定失败。女性应有不懈的追求，无论爱情多么美好，都不能丢弃作为"人"的最重要的内涵。女性必须时刻警示自己：爱，绝不能盲目到丧失自我。

然而，王海鸰笔下的现实是"残酷"的。每部作品中都有悲剧——离婚的发生，究其原因，男权社会和女性对男性的依附心理是真正的罪魁祸首。在男权社会中，男性无论在社会地位、经济权利，还是在两性心理、精神层面上都处于绝对的优势；而女性则常常处于弱势地位，艰难地挣扎于这样的社会氛围中，于是不可避免有一定程度的依附心理，即在经济、权力、精神等方面依附婚姻中的丈夫而存在，由此而放弃了追求独立人格的权力。

昆德拉在《生命中不能承受之轻》的开头写道："曾经一次性消失了的生活，像影子一样没有分量，也就永远消失不复回归了。无论它是否恐怖，是否美丽，是否崇高，它的恐怖、崇高以及美丽都预先已经死去，没有任何意义。"这里揭示出"轻"的基本含义：个体生命的被轻视，个体意志的被忽略。由此更深入的另一层

---

① 《〈新结婚时代〉南京收视飙高，北京台乘势开播》，http：//ent. sina. com. cn/v/m/2006 - 11 - 25/13251343142. html。

含义，则是个体游离于它所依附的整体之外，这种游离导致归属感的缺失，让人无法承受，一如"婚姻三部曲"中的女性的社会处境。正如"菲逻各斯中心主义"所意指的——有关这个世界的一切解释和意义，最终都是男性说了算。

所幸的是，三部曲中，女性的社会处境呈现一种变化的趋势，女性自我意识逐渐觉醒，在婚姻天平上的分量逐渐加重，对父权观念做出了抗争。正如王海鸰所说，"女人在任何时候都不能放弃自我，不能丧失对自我价值的追求"。[①] 第一部《牵手》被评论为一部正面描写"第三者"的作品，其中的夏晓雪，温柔顺从，很多作为完全符合男权主义的要求，虽然最终婚姻分裂，但依然获得男性认可。第二部《中国式离婚》告诫人们的是，在没有第三者的情况下，夫妻之间的彼此伤害，同样可以置婚姻于死地，其中的林小枫，有些歇斯底里，常常搞得鸡犬不宁，然而这些举动却是她向男权的执着抗争，希望改变婚姻中的不平衡，但是一位女子的力量终究有限，故而以婚姻的毁灭告终。第三部《新结婚时代》则宣称婚姻承载的不仅是爱情，更多的还有生存，其中的顾小西，理性而独立，虽然仍有男权的阴影笼罩，但她因为门户和"社会关系"而在婚姻天平上达到两性的平衡，性别的二元对立被解构。概言之，婚姻中的男性和女性如同天平的两端，不可缺失任何一方，否则，婚姻不能称其为婚姻，而弱势的女性，也将是婚姻中必须承受之轻。

从夏晓雪到林小枫再到顾小西，王海鸰通过对当代女性婚姻生活由外部到内部、由小家到大家、由个人到社会的回环往复的探

---

① 《王海鸰：〈中国式离婚〉讲的不是离婚》，参见《三月风》2004年第10期。

寻，多层面、多角度地对当代婚姻进行了反思，对社会变革中出现的新问题进行了探讨。

二 《牵手》：改革之后的顺从与认可

《牵手》是关于婚姻与"第三者"的故事。导演"希望通过这部戏，提醒人们重新审视自己在生活中所扮演的角色，是否因为感情的旁移而放弃了自己的责任，或者是否为了爱人、孩子而放弃了自己独立的人格。这些矛盾和问题，在今天的社会生活中是具有普遍性的，而分析和探讨这些问题，对于社会的发展和稳定，又具有十分积极的现实意义"。①

女主角夏晓雪，"聪明、自信还有清高"，大学"四年校花"，是丈夫钟锐"死乞白赖"才追到手的。结婚以后，晓雪全力支持丈夫创业，一心扑在丈夫和孩子身上，她舍弃舒适的生活环境而住在没有厨房和卫浴设施的大杂院，而且放弃了对事业的追求，最后被单位淘汰下岗。然而，这个时候，丈夫却移情别恋，要离婚。虽然晓雪受过高等教育，但潜意识里仍对男性有强烈的依附心理，她认为"男人得有事业，女人得有个有事业的男人"。她把事业成功的丈夫看作自己最大的寄托，而自己逐渐变成了一个除了丈夫、孩子、家庭之外什么都不关心的女人，相夫教子，任劳任怨，随之而来的却是不求上进、单调乏味。这个形象的认识价值主要在于启示女性来审视"是否为了爱人、孩子而放弃了自己独立的人格"。正如导演所言：晓雪的爱情悲剧，源于她"一直压抑着自己，生活

---

① 杨阳：《把"难以言说"的故事说好——〈牵手〉导演阐述》，《中国电视》1998年第12期。

在由自己设计的误区中，内心的激情一直被压抑着"。因此，"她要克服的和要战胜的主要是自我"。① 在婚姻中，她表现出了一味的顺从。她以为只要丈夫事业有成，自己的人生价值便可附属于丈夫，结果不仅荒疏了自己的外语专业、失去了自我价值，而且在丈夫的眼中也失去了往昔的人格魅力与重要位置。其实，鲁迅早在《伤逝》中就告诉我们：人必生活着，爱才有所附丽。令人欣慰的是，在作品最后，离婚之后的晓雪绝境奋起，不但找到了能体现自己价值的工作，也找回了自信，更赢得了女性的尊严，获得了男性的认可。

男主角钟锐是一个电脑天才，计算机软件开发的专家（此专长属当时的热门），才华横溢，有事业心，但是一开始并不顺利，后来他经过百折不挠的努力终于获得事业的成功。作品中有多处这样的情节，晓雪精心营造出了干净舒适整洁的家庭环境，然而，于钟锐而言，这不啻为一种负担，它在钟锐的眼中变成了繁文缛节，钟锐对此深感不满，就连晓雪无微不至的关心也成了对钟锐的限制，这对生活在父权语境中的男性来说，自然是无法忍受的。因此，这些细节表现出了两人性格上的差异，这成为两人情感淡漠的原因，并导致钟锐移情别恋。然而究其实，这种分歧是复杂而深刻的，既有变革时代之于他们的不同后果，也有性别带来的不可调和的观念差别，这些现象的产生，正是男性思维统治的反映。

正如解构主义认为，"逻各斯中心主义设定了一套二元对立的把戏，如真理/谬误……男人/女人、好/坏、主人/奴隶等，斜杠左

---

① 杨阳：《把"难以言说"的故事说好——〈牵手〉导演阐述》，《中国电视》1998 年第 12 期。

侧是处于高一等级的命题，从属逻各斯，居于优先地位，而斜杠右侧则标示一种堕落，它是前者的泛化、否定、显形或瓦解"。① 它通过设立第一项的优先性而迫使第二项从属于它，第一项是首位的、本质的，而第二项则是次要的、非本质的。在这些二元对立中，男性/女性构成了人类生存中最基本的两项对立。这意味着，逻各斯中心主义与父权制所主宰的性别秩序是合二为一的，因此，现代社会不仅是逻各斯中心社会，也是菲勒斯中心社会。法国女性主义者埃莱娜·西苏认为，"在这致命的二元区分中，阴性词语的那一方总是逃脱不了被扼杀、被抹除的结果"。②

由此反观作品为晓雪在婚姻失败之后设置的行为——走出家庭的"束缚"，在事业中发展自己，施展自己的聪明才智，取得事业的成功，我们会为晓雪的新生活感到高兴，但是，晓雪的种种转变依然没有摆脱男权的阴影，这些行为不是出于她的觉醒，而是丈夫对家庭的背离使她付出了如此的代价，她在骨子里依然把婚姻视为对自己社会地位的主要认可。作品暗示：女性之被认可，也完全是从男性标准来要求的结果，是根据男性的眼光设计的，或者是钟锐们希望看到的，他们或者会重新欣赏晓雪，或者会因此减轻自责。

《牵手》的时代背景是改革开放后十几年。那时，封闭很久的国人突然看到和得到了以前连做梦都不敢想的东西。"开放搞活"的政策，促进了社会的稳定发展、人民生活水平大幅提高，更唤起人们对于美好生活的热爱和追求。物质极大丰富的同时，人们的精神面貌也发生了极大的变化，生活态度更加积极，思想更加活跃。

---

① G. Douglas Atkins, *Reading Deconstruction*, *Deconstructive Reading*, Kentucky: The University of Kentucky Press, 1983, p. 20.

② Pam Morris, *Literature and Feminism*: *An Introduction*, Lyon: Breakwill Press, 1993, p. 122.

然而，当社会的飞速发展给人们带来更多机遇时，许多人首先将精力投入对物质的追求上，把名誉地位金钱收入看得越来越重，在"脱贫、致富、奔小康"的道路上奋勇拼搏的同时，似乎忘记了在人类世界中还有一个重要的领域——情感。因而，在交往中，更多了"物质因素"，而纯粹的"感情因素"越来越淡薄，素以注重家庭观念著称的中国人，面临着越来越多的家庭问题。人们对情的"忽视"和"渴求"形成了难以克服的自我矛盾，许多人陷入焦虑、孤独、困惑和痛苦之中。而面临严峻竞争的女性，更应该拥有完全不依赖男性的真正独立，这样才能在事业、爱情等方面的不断追求寻觅中，拥有自己的位置并立于不败之地。

三 《中国式离婚》：转型社会的抗争与毁灭

相对《牵手》而言，《中国式离婚》是一个没有"第三者"的婚变，讲述了"背叛"的故事。作品中，不乏玩世不恭人生哲学的刘东北（男主角宋建平的朋友）道出了如此的"真知灼见"："男女间的背叛可分为三种：身体的背叛、心的背叛、身心的背叛。通常人们在意的是第一种和第三种，对第二种基本上是忽略不计。但要我说，心的背叛的严重程度远在身体的背叛之上。"按照刘东北的"哲学"，宋建平对爱人和家庭是最严重的心的背叛。

女主角林小枫，是一位敬业要强而且热爱工作的中学语文教师。最初，她严重不满现有生活，对有能力改变却总是安于现状的丈夫宋建平一肚子抱怨，对丈夫动辄发脾气，甚至以离婚相要挟。在丈夫终于去了外资医院、收入大幅度增长以后，小枫辞去公职，承担了全部的家务，协同丈夫完成对生活目标的追求。建平在新单位很快受到重用，小枫一时间也感到夫贵妻荣。但随着时间的推移，面对事业蒸蒸日上的丈夫，她逐渐感到空虚、自卑、不安、不自信，对丈夫也越来越不放心，甚至怀疑丈夫有了"第三者"，于是她歇斯底里地追查，怀疑建平的忠诚，不顾一切去"闹"，最终将婚姻逼入绝境。

小枫的爱人宋建平，算是一个对家庭负责的人。但问题在于，在自己的事业发达以后，他潜意识中对已成为家庭妇女的小枫产生了一种居高临下的感觉，虽然为了避免和小枫争吵而时时小心翼翼，行事也常为妻子着想，但他对妻子所抱的感情和态度却更多的是怜悯和责任了。在刘东北劝他离婚时，他说："她为我，为这个家，付出了很多。她现在，只剩下我了。"他之所以没有离开小枫，不是因为爱情，而是因为可怜。说出这番话时，他对婚姻已然是一种施舍了。在施舍与被施舍之间，带给妻子的绝不是幸福，正如小枫所说："喜怒哀乐全须仰仗对方给予。这种感觉是如此地令人窒息。"于是，小枫对这种被轻视（其实就是男性话语霸权）做出了近乎神经质的抗争，而终至婚姻的毁灭。

作品中，小枫的独立人格经历了三个阶段：作为一个职业女性时的"自我"；辞职在家安心照顾家人时，踏实地依附丈夫时的"自我"；虚拟的"第三者"出现后，歇斯底里反抗男性时的"自我"。这些自我的独立人格是不尽相同的。小枫作为一位知识女性，一个有能力把事业做得更好的现代女性，在面临丈夫工作太忙、家中老小都要有人照顾的时候，作为妻子、女儿、母亲的她首先想到牺牲自己，以保全这个家的正常运行，为的是支持丈夫、夫贵妻荣，这里颇能显现传统文化对女性自我意识的影响。这之后，她确实安然享受了一段带有依附性的生活。然而，当她发现夫贵而妻不荣的时候，她为自己所做的牺牲欲哭无泪，她宁愿退回去做贫贱夫妻。因为那时虽然没有钱、没有车，但有独立的自我、有自尊。于是，她一步步被自己所设定的原以为充满幸福前景的生活模式套牢，把自己逼到了一个扭曲疯狂的境地。她在"闹"得心力交瘁两败俱伤之后，终于悟出"爱是要有能力"的，并且当众用寓言故事——婚姻是捧在手里的沙子，捏得越紧，漏得越多——来表白自己获得的感悟以自审，"女性，认识你自己"。

　　这里，造成独立人格迷失的导火索实在应该是辞去工作，或曰社会地位。因为，人们上班不仅是物质需要，也是精神需要。小枫辞掉的不仅是一个荣耀的工作和一份稳定的收入，更是一份与男人平等的权利和一个使自己自尊自强的精神支点。放弃了事业、失去了社会地位之后，她把婚姻作为生活的唯一要义，她死死攥住婚姻这个玻璃瓶，直至捏破了瓶子也割伤了自己。对婚姻的执着念头使她变得自卑、多疑、焦虑甚至歇斯底里和疯狂。她感觉到心理不平衡："我放弃了我的事业，放弃了我热爱的工作。如今，成为一个地地道道的家庭妇女，一个没有任何社会地位，一个没有他做我的说明书、我的参照物我就不再存在的家庭妇女。"于是，她逐渐变成了自己情绪的奴隶，被指使着去不断破坏这个原本和谐温馨的家庭，她用猜疑、神经质的争吵表示抗争，但是，仅凭她一个女子，是无法给危机中的婚姻带来根本转机的。

　　作品以价值观念激变和社会充满躁动的转型时期为背景。当今社会，价值观念变化，人们在生活中强调个性自由、缺乏责任感。刘东北宣称："我喜欢自由，追求自由是人的天性。""感情是流动的。所有的爱只存在于一个瞬间，只在瞬间永恒。所以说，仅凭一时的爱情就非要把两个人绑在一起的做法，是不明智的，是不科学的。"他对婚姻中的三种背叛的分析，不仅是为自己的放纵寻找理由，也反映了婚姻生活中更深层的伤害。于是，传统文化中建立在道德基础上的信任受到了转型社会的巨大冲击，特别是在金钱与欲望追逐中的不择手段和谎言破坏了人们之间的信任关系，当恶不断冲击着善，不道德行为经常比道德行为带来更大收益、更大快感时，人们便会由道德律令基础上的高尚人性追求急转直下。

面对这样的现实，女性往往处于一种非常矛盾的境地：一方面，潜意识里认同"男强女弱"的传统社会模式，在婚姻中宁愿处于依附地位，服务于家庭；但另一方面，她们又不同于传统女性，她们受过教育，有自立于社会的能力，有独立的人格意识，自己的付出和劳动需要得到尊重认同、得到回报。当一个职业女性选择回到家庭的时候，她失去的不仅是现有的社会地位，还有未来的事业前景，故而她的"回家"牺牲更大，也更加痛苦，自然就要求更有回报。当先前的设想和后来的现实大相径庭的时候，特别是在自己的生存和情感都受到严重威胁的时候，她们的失落和痛苦便会无限放大，于是，往往很容易走向极端。

《牵手》和《中国式离婚》中的两位女性，都经历了从职业女性到家庭主妇的转变。她们的"回家"反映出这个社会依然是男性中心，而且也与女性的牺牲精神和依赖心理有密切关系。夏晓雪和林小枫很相似，都犯了女人的同一个毛病：望夫成龙，不惜牺牲自己。晓雪令丈夫厌倦了婚姻生活，同时出现了第三者。而小枫的丈夫并没有出轨，但是她极端疯狂、捕风捉影。她们失败的文化心理根源是相同的。

四 《新结婚时代》：人口流动中的门户与平衡

《新结婚时代》讲述了在爱情始终存在的夫妻关系里，也可能出问题。王海鸰在一次采访中笑言，"不对他自家人好的男人是不能要的，但女人既想要对他自己人好的男人，又不想要他好到侵犯自己的权益，是很难的。因此这类事情是婚姻中常有的矛盾"。而这一矛盾的出现有其社会根源，就是所谓的"门户"，或曰，人的出身和社会角色。因此，两个人的婚姻绝不是一件私事，作者借顾小西的母亲之口说出了这一道理，"你嫁给他，就等于嫁给他的全部社会关系的总和。你们俩的结合就是两个家族的结合"。于是，婚姻中的个体便因其所处的各种社会关系而改变着各自在其中的筹码。

女主角顾小西，重点大学中文系毕业，出版社编辑，出身于知识分子家庭，父亲是大学教授，母亲是大医院专家。丈夫何建国，清华计算机系研究生毕业，IT 公司骨干，来自沂蒙山区，父母农民。小说一开始就写小西的母亲坚决反对这门婚事，而小西，这位爱情至上者，认定建国就是自己的 Mr. Right，她嫁的是何建国，不是何家村。在小西的心里，她的家就是他和她；然而在建国的概念里，"家"不只是他和她，还有他爹妈、他哥嫂、他哥嫂的孩子以及无数生活在沂蒙山区的叔叔大爷三姑六婆。正因为两人对"家"的概念和外延认识不同，由此开始了两人之间、两家之间的一系列矛盾——大事小事、分分合合甚至生命的结束。一切并不像小西所想象的那么简单。在中国人的传统观念里，婚姻"合二姓之好"，关系到男女两个家庭及其家族。梁漱溟说："中国是伦理本位的社会"，"每一个人对其四面八方的伦理关系，各负有其相当义务，同时四面八方与他有伦理关系之人，亦各对他负有义务。全社会之人，不期而辗转互相联锁起来，无形中成为一种组织。"①

---

① 梁漱溟：《中国文化要义》，学林出版社，1987，第 80 页。

人与人之间一旦有了某种关系，互相也随之出现了某种义务。作品着重表达了这一观点：就个人而言，婚姻最佳状态是两个人过日子。但实际上，很多外因在干涉着本属于两个人的事情。而小西与建国之间存在的城乡差异、门户不同，一定意义上是无法沟通的。这一矛盾，较之前两部，更为沉重。因为，他们的悲剧完全不是个人的原因所直接导致的。

然而，换一种角度来看这桩婚姻时，门户不同、城乡差异，并不绝然造成弊端。因为这种差异，女性得到了外来的支持，使强势的父权做出让步，其所处的地位不断提升，在婚姻中增加了自身的筹码，在原本倾斜的婚姻天平上，女性逐渐与男性平衡。因此，小西始终做着自己喜欢的工作，她对待婚姻的态度，没有晓雪和小枫的暴躁和歇斯底里，始终是平静和理智的。

冲突的爆发是在小西母亲因工作过度劳累而去世的时候，很戏剧性的，那时，小西正在一群全然陌生的哭丧队伍里哭一个素昧平生的人（建国的嫂子的爷爷）。至此，婚姻已负载太多额外的东西，以至于迷失了爱情本身。小西终于明白，她为这桩婚姻付出的实在太多，多得使她无法承受和面对。于是，他们分手了。

然而故事还在继续，后来建国和小西彼此仍非常珍惜且一往情深，建国向父亲表示如果不和小西复婚，他宁愿打一辈子光棍儿，而建国爹也在发生的种种变故中改变了很多想法，向小西坦诚地讲出了自己的观点。于是小西同建国重归于好，故事至此有了一个完满的结果。

因为"门户"，小西在婚姻中具有了更大的自主权，不必全然依靠男性来决定自己的生活。因此，父权在此做出了主动让步，使婚姻两端的男性和女性逐步达到新的平衡。其实，女性的独立，根本在于改变对自身的审美标准，也改变对男人的审美标准，在打破男性绝对权威的同时，也对男性的软弱有足够的宽容和理解。至此"菲逻各斯中心主义"被解构，女性对父权做出了声讨，并使得两性在婚姻中逐渐达到和谐与平衡。

20世纪的中国，人口流动性大大增强，城乡鸿沟在逐渐缩小。然而，所谓的现代都市文化，仍是一种生成于几千年传统社会土壤上的礼俗文化，其深层结构仍是"农"的、"乡土性"的、"礼俗性"的。中国特有的大一统的农业文化传统，使中国难以形成西方意义上的建立在契约观念上的自由人城市，而中国都市更多地呈现对农业文化的顺从状态，市民文化长期呈现着传统农业文化的一般特征。这就构成了我们国人潜在的文化心理，制约着他们的行为方式。

比较前两部作品，《新结婚时代》不再局限于夫妻感情纠葛的模式，以更宏阔的当代社会为背景，反映传统与现代、农村与城市、老年与青年在生活方式、价值观念等方面的激烈冲突与碰撞，探索不同的人对婚姻的不同理解、期望和要求。婚姻内外，很多非感情的因素也会影响夫妻的幸福生活和婚姻，我们的社会也应该更加宽容。

表8-1　作品人物简析及女性的社会处境变迁

作品名称	人物对婚姻家庭的态度		女性与男性的结构关系	女性的社会处境
	女性	男性		
牵手	夏晓雪:男人得有事业,女人得有个有事业的男人	钟锐:关心成了限制	始依附,终自立	顺从,符合男性期待
中国式离婚	林小枫:夫贵妻荣	宋建平:比下有余,逃避	追求"夫贵妻荣"	对男性进行了歇斯底里的抗争而至毁灭
新结婚时代	顾小西:只有他和她的小家庭	何建国:包括叔叔大爷三姑六婆的大家族	"门户"增加独立的筹码	父权让步,两性平衡

五 婚姻中的二元对立与和谐

综观三桩"有中国特色"的婚姻，其要旨为：婚姻中的各种矛盾事件中没有过错方，甚至连各打五十大板都难，三部作品中没有一个反面人物，没有一个让读者和观众恨得起来的人，似乎都值得同情，都无辜。但这无辜的一对对捆绑在一起，有时又是那般无奈，生活就是如此严酷！于是，在男权社会中，女性艰难地挣扎于这样的社会氛围中，用自己的方式来颠覆和解构性别的对立关系。

而二元对立现象的形成，可从文化心理上寻到解答。在男权社会的性别优势中，男性常常忽略自己的性别身份，不在意与性别相关的问题。波伏娃在《第二性》中说："男人永远不会以性别为起点去表现自身，他不用声明他是一个男人。"但是，女人在做一切事情的时候首先想到的是："我是一个女人。"在以男性为中心的社会里，男性主宰着一切，女性则被道德礼教规范成了温良贤惠和富有牺牲精神的角色。中国的男性因浸濡于传统文化，在父权语境中成长，也多把自己视为家中的顶梁柱，把事业成功作为自己的第一追求。社会用各种形式承认了男性天然的优势，但也赋予他们更多的责任，使他们更多地承受着来自社会的压力和精神的压抑。他们虽然也很辛苦地挣扎着、抵抗着，以求得到个性的充分伸展和张扬，得到个体的尊严与独立，但是在抵抗压抑的同时，他们却常常无意识地、不自觉地让女性受到贬抑与伤害，但很多人又认为这种伤害是必然的、不可指责的，这就是男权语境的表达。

今天的中国，传统的伦理标准已经随着时代改变了。作为个体的女性自身，确立一个怎样的独立个性，决定着婚姻、家庭、事业能否成功。今天，女性的个性独立绝不是要与男性分庭抗争，而是在男女平等和谐、相互理解、相互尊重的基础上的自立自强。只有这样，才能保持"男女双方感情的对等"，与所爱之人"牵手"一生。

进言之，随着社会发展，人与人之间的关系自由了，尤其在婚姻关系中，人们逐渐有了更大的自由空间——结婚无须单位证明，离婚亦无须单位证明。于是，人们可以有很大的自由来选择自己的婚姻状态。这是远远不同于 20 世纪 80 年代之前的，那些时代，结婚需要双方的单位证明，而一旦想要离婚的话，又会牵动很多人来劝说，最终也必须有单位证明才能办成，于是很多人就在这种烦琐的过程中，搁浅了离婚，而维持着一个没有生命的婚姻。然而，那时候，家庭给人的安全感是非常强烈的，因为，离婚是很艰难的。

故此，家庭的安全感和人的自由形成了反比关系，这也是现代社会离婚率提高的一个重要原因。于是，面对家庭安全感降低的现实，女性，如何在婚姻中更加凸显自己的独立人格，而不是一味地放弃自我、依赖男性，是每位女性都应该思考的。

冰心说，"世界上若没有女人，这世界至少要失去十分之五的'真'、十分之六的'善'、十分之七的'美'"。[①] 我们也希望王海鸰的作品，能够"引起疗救的注意"，使女性给世界更多的真善美，使婚姻中的二元更加和谐。

---

① 冰心：《关于女人和男人》，广西师范大学出版社，2001，第 201 页。

第二节　婚姻与爱情：错位与平衡
中的女性存在

一　王海鸰：记录新时期婚姻与爱情的困境

王海鸰被誉为"中国家庭婚姻小说第一人"，近年来始终把爱情与婚姻作为她创作的主要题材。《牵手》、《中国式离婚》、《新结婚时代》和《大校的女儿》等文学和电视作品，被称为当代婚恋指南、中国婚姻必读手册。而说到对现实生活中爱情与婚姻的困境的反映，最为典型的就是《新结婚时代》和《大校的女儿》，这两部作品讲述的都是有关失衡的爱情与婚姻。因此，下面以这两部电视作品为例，来审视中国新时期爱情与婚姻的现实困境，是错位还是平衡，抑或是在错位中寻求平衡。

这两部作品从不同角度关注人们的生存状况，真实记录了中国新时期婚姻观念的困境，引起了读者、观众和专家的热切关注。《新结婚时代》和《大校的女儿》两部作品在社会上引起了强烈反响。《新结婚时代》这部都市感情剧，主要讲述了两代人、三种不同状态下的个性婚恋。男女主人公，何建国与顾小西的城乡之恋，小西的弟弟小航与小西同事简佳的姐弟之恋，小西母亲去世之后，父亲与小保姆的老少之恋。《大校的女儿》一书最早是在 2002 年出版的，2007 年之后，这部小说再版并多次印刷。当小说被拍成由袁立、郭晓冬主演的同名电视剧之后，尚未在电视上播出时，这部电视剧就已经在碟市流传甚广、卖得很火爆了。之后，《大校的女儿》更是在中央电视台一套的黄金档热播，越发引起了观众对于婚姻、爱情与责任的激烈讨论。这部感人至深的军旅题材电视剧，没有战场硝烟，没有激烈冲突，没有生离死别，只有男女主人公，姜士安与韩琳，跨越二十多年的没有结果且异常隐忍的爱情，以及围绕他们展开的朴素而真挚的友情和亲情。

钱穆说："'家族'是中国文化的一个最主要的柱石，我们几乎可以说，中国文化全部从家族观念上筑起，先有家族观念乃有人道观念，先有人道观念然后有其他的一切。"[①] 家族是家庭的扩大和延伸，王海鸰正是通过对不同婚姻家庭的描写，塑造出众多鲜活的人物形象，反映出了男人和女人在当今婚姻中的痛苦、困惑，以及在诸多因素影响下的生存状况，折射出当代社会给人们的家庭婚姻生活带来的冲击。她的作品以婚姻背后的纠葛，以及爱情与婚姻的背离来透视中国家庭，进而透视整个中国社会的现实。

二　《新结婚时代》：错位的婚姻与平衡的爱情

《新结婚时代》讲述的是在爱情存在的婚姻关系和家庭里所出现的问题。婚姻中的矛盾有其社会根源，就是所谓的"门户"，或曰，人的出身和社会角色。婚姻中的个体因其所处的各种社会关系而改变着各自在其中的筹码，于是，婚姻与爱情也产生了平衡与错位的变化。作品主要讲述了两代人、三种不同的错位的婚恋，城乡之恋，姐弟之恋，老少之恋。这些婚姻的形式是错位的，但婚姻中的爱情是平衡的。

首先来看男女主人公，城乡婚姻外衣下的爱情。女主角顾小西，重点大学中文系毕业，出版社编辑，出身于知识分子家庭，父

---

① 钱穆：《中国文化史导论》，上海三联书店，1988，第 42 页。

亲是大学教授，母亲是大医院专家。丈夫何建国，清华计算机系研究生毕业，IT 公司骨干，来自山区，父母农民。小西与建国之间存在的城乡差异、门户不同，一定意义上是无法沟通的，这就使他们的婚姻形式出现了无法弥合的错位。

然而，在这个错位的婚姻中，小西与建国的爱情却是始终存在的。单就两个个体的人而言，他们是平等的，他们的情感也是平衡的。这是现代社会中的一种普遍现象，自由恋爱的双方更注重的是对方的人品、才识、能力等。作品中，两个家庭的差异，导致了小西与建国的离婚，然而，平衡的爱情的力量最终还是突破了错位的婚姻的束缚。在离婚后，何建国和顾小西发现彼此仍非常珍惜且一往情深，而何建国还向父亲表示如果不和小西复婚，他宁愿打一辈子光棍。当何建国爹从家乡赶来，对小西表示不再在意要不要孙子的时候，顾小西终于同何建国重归于好。

再来看小西的同事简佳与小西的弟弟顾小航的婚恋，这是一桩错位的姐弟婚姻。简佳与小西在同一个编辑部工作，曾经与一位事业成功的有妇之夫刘凯瑞保持了多年特殊的关系。这段经历，让她的性格显得忧伤而沉静。当她与小航经过一些误解而彼此产生好感时，她并不讳言与刘凯瑞的那段感情经历，真诚自然，毫不掩饰。她的温柔与坚强使小航深深地喜欢上了她。然而，对于顾家而言，无论是顾父顾母，还是姐姐小西，接受简佳这样年龄和经历的女子做小航的妻子，是万万不可能的，因为她的年龄和情感经历与小航是不对等的。为了阻止简佳与小航的婚姻，顾家设下了鸿门宴。谈话中，顾家父母对她围追堵截，坚决让她断了和小航交往，然而，她礼貌得体、温柔却又坚决地拒绝了。可见，一桩错位的婚姻要承受的来自社会的、来自彼此家庭的压力有多么巨大。然而，面对这种压力，简佳却劝解小航并且依然认真地帮助顾父出书，表现出了她的宽容和良善。顾妈妈对她的评价是：简佳是个拿大主意的孩子，这一点比小西强。的确，简佳能够温柔坚定地追求自己的幸福，能够礼貌冷静地处理问题，是一个真正率真而独立的女子。最后，简佳与小航冲破重重阻隔，终成眷属，的确要归因于他们彼此在情感上的平衡与对等。

其实，小西和简佳在她们各自错位的婚姻中，都始终保持着自己独立的个性，没有因为婚姻家庭而失去自我的存在。而且在她们的爱情中，小西与建国，简佳与小航，他们彼此深情相爱，共同构筑起了他们的爱情城堡；也就是说，尽管有很多额外因素在干涉着两个人的事情，但两个人始终在坚守着对彼此的爱情，这使得他们在爱情的天平上达到了平衡。

老少婚姻是作品向我们展现的第三桩错位的婚姻，这桩婚姻的主角是小西的父亲和顾家的保姆小夏。小西父母的婚姻是作品中唯一的对位的婚姻——大学教授与大医院专家的结合，可谓门当户对。然而，小西的母亲在连续做了九个小时的手术之后，猝然发病去世。由此宣告这个唯一的对位的婚姻结束了，也昭示出错位婚姻存在的必然。失去老伴儿的小西父亲，陷入了深深的思念和无尽的孤独中，幸亏有保姆小夏相伴，照顾他的生活。保姆小夏是建国从乡下老家带来的，与丈夫离婚之后，为了让自己的孩子能接受好的教育，而执意留在了城里做保姆。后来，小西也体谅父亲的处境，促成了这桩婚姻。相对于前面两桩始终存在爱情的婚姻，教授与保姆的老少婚姻应该说是没有爱情的婚姻，就是为了过日子的生存型的婚姻。虽然有人说"没有爱情的婚姻是不道德的婚姻"，但是，在现实生活中，没有仇恨的婚姻、彼此不讨厌的婚姻就足够了，没有爱情的婚姻不见得不道德。在王海鸰看来，这是一个很冷酷的现实。其实，换一个角度来看，没有爱情基础的婚姻，以生存为婚姻的目的，也不失为一种平衡的状态。

这部作品一改王海鸰以往的局限于夫妻双方感情纠葛的模式，如《牵手》与《中国式离婚》中的故事，而是让婚姻穿越爱情，以当代中国社会为背景，反映传统与现代、农村与城市、老年与青年在思想观念、生活方式、行为准则、价值观念等方面的激烈冲突与碰撞，探索处于不同环境的人对爱情不同的理解，以及对婚姻的不同的期望和要求，探索人们心目中婚姻与爱情的本质和意义。之所以称为"新结婚时代"，是因为新时期的中国社会，人口的流动性大大增强，社会生活方式日益多元化，人们对于婚姻爱情宽容了许多，个人对生活方式以及生活模式的选择环境都比较宽松，任何一种选择基本上都可以得到认可。

作品中，小西父母的"跷跷板"理论很形象地说明了这种错位的婚姻中的爱情关系，就是说，夫妻之间要的就是一种"平衡"。其实，正是这种对于平衡追求，才使得错位的婚姻得以维系。也就是说，婚姻的外在形式是错位的、不对等的，然而，彼此的爱情是对等的，是摒弃了外在物质因素干扰之后的相互倾心，如小西与建国、简佳与小航；或者是为了现实生活的一种选择，如小西父亲与小夏，所以，这种情感能够在爱情的天平上达到平衡。

三 《大校的女儿》：平衡的婚姻与错位的爱情

2007 年 12 月，《大校的女儿》在中央电视台一套节目黄金档热播，可谓当年央视重磅推出的年末压轴大戏。电视剧改编自王海鸰同名小说，描写的是一位女军人的成长经历和情感历程，是一位女人婚恋生活的心路写真。这部电视剧以军旅为背景，围绕某部队通信连班长韩琳、新兵姜士安、张雁南及宣传队员彭湛等人的成长经历展开，反映了1970年代初至2000年之间，在特殊环境下的一代人对于爱情、责任、理想的追逐与隐忍、执着与放弃，讲述了她们之间一段段错位的爱情与婚姻。女主角、"大校的女儿"韩琳，沉静温婉又不失坚忍，在面对婚姻与责任的抉择、面对梦想与现实的冲突时，承受着一段生命中无法承担的爱情。作品通过韩琳与姜士安之间的故事，讲述了婚姻之外存在爱情的精神之恋，却由于各种限制而无法天长地久的遗憾。

《大校的女儿》被称为"中国版《廊桥遗梦》"。小说是王海鸰早期的作品，改编为电视剧时，王海鸰对旧作做了一些大的调整，使其故事性更强，人物更集中。作品着重描写的依然是女性的情感状态，但王海鸰塑造了一个崭新的女性角色，女主人公不再是被动茫然的怨妇，不再是自怨自艾的小女人，突破了作者之前的一些作品中的女性形象，如《牵手》中的夏晓雪、《中国式离婚》中的林小枫。在这部小说中，王海鸰写出了一个女人成长的疼痛，更写出了一个女人成长必须具备的尊严和力量。

首先来看女主角韩琳与前夫彭湛之间以分手而结束的平衡的婚姻。

20世纪70年代初，年轻的韩琳在驻扎在海岛上的某部通信连里做班长，在一次接新兵入岛的船上，遇到了军宣队队员彭湛。彭湛在阳光的照耀下站在甲板上唱歌，海面倒映着金色的光芒，海风徐徐地吹，手风琴优美的旋律在风中回旋，韩琳陶醉地望着他，英俊潇洒的彭湛就这样深深地印在了韩琳的心里。韩琳各方面表现突出，被部队推荐上大学。然而，就在她临走前的半天，却被战友张

雁南利用个人关系把她上大学的名额夺走了。张雁南和彭湛一起去
了上海读大学，之后，二人顺理成章地谈恋爱结婚生子。这些都让
韩琳在精神上受到了很大的打击。坚强的韩琳克服了重重困难，通
过创作改变了自己的生活，被调入军区话剧团做编剧。后来张雁南
因为彭湛有外遇，便坚决与彭湛离了婚，并把这些事情告诉了韩
琳。韩琳在一次去边境体验生活时，意外地遇见了彭湛和彭湛的妹
妹彭澄。彭湛在妹妹彭澄的帮助下开始了对韩琳的追求，韩琳出于
对彭澄的喜爱，面对彭湛的诚意，当然也因为对彭湛的初恋般的美
好记忆，终于和彭湛结婚并生下了一个儿子。然而，彭湛在工作中
又有了别的女人，按照他的说法，这是一个"男人最容易犯的、
女人最不能接受的错误"。妹妹彭澄得知后，为了让完整的家庭不
被破坏而劝他悬崖勒马，但是她在一次执行任务的途中不幸遇难，
这根维系在韩琳和彭湛中间的纽带由此断开。而且，韩琳与彭湛分
居两地各自忙着自己的事业，这段婚姻已使他们都很疲惫，最终，
二人选择了友好的分手。

如果按照张雁南的"平衡"理论：婚姻是在各种外在因素的
平衡之后的选择，才、貌、年龄、事业、成就等，那么，韩琳与彭
湛的婚姻从各方面来看都是很平衡的结合。韩琳是大校的女儿，生
长在部队，美丽而坚强；彭湛也是部队高干家庭出身，英俊、有才
华。然而，这桩从各方面来看都很平衡的婚姻却以分手而结束。在
这段婚姻中，我们不否认韩琳与彭湛之间是存在过爱情的。从他们
在边境的偶遇，到彭湛对韩琳的热情追求，再到韩琳对彭湛过去生
活情感经历的纠结，无不显示了他们对这份爱情的认真。结婚之
后，他们也都在为未来的美好生活而努力。

然而，当爱情遭遇人性的弱点的时候，它就显得不堪一击了。

就年轻时的韩琳而言，编剧王海鸰说，"韩琳有着世俗、势利、虚荣的一面，她喜欢有才华的、高干出身的彭湛……韩琳追求权力和富贵，她是一个清醒、冷静的女性，她在考虑每一份付出的时候都是有前提的"。① 就彭湛而言，他再次外遇，犯下了那个"男人最容易犯的、女人最不能接受的错误"。于是，这段平衡的婚姻以爱情的逝去而结束。

韩琳独立自强的个性在离婚之后越发凸显。可以说，离婚是她成就事业的直接动机，她把事业作为精神的支柱，变得非常独立，一面要照顾儿子的生活，另一面要以父亲的形象建功立业，重新树立儿子的信心，可谓身兼二职。事业的成功使她由内而外地焕发出女性的光彩。应当说，韩琳是以事业为支撑点来转移她对婚姻的依赖，树立起了女性的自我意识，并且在女性自我意识的反省和强化中循序渐进，完成了对女性美好人性的提升。

其次来看男主角姜士安与妻子翠花之间没有爱情的平衡的婚姻。

姜士安来自贫困乡村，淳朴、善良，有着极强进取心，初到海岛的时候，得到了班长韩琳细致入微的关心，就这样，热情、漂亮的韩琳深深地走进了姜士安的心。姜士安父亲做主给他找了个不识字的农村媳妇翠花，而姜士安与翠花根本没有感情可言。姜士安的父亲说：咱们这样的人家，能娶上个媳妇就不错了，别挑挑拣拣的。言下之意就是，一个农村出来的战士，有一个农村媳妇，那就是门当户对了。于是，新婚之夜，两人背对背而眠，都为这段没有

---

① 龚勤舟：《王海鸰：讲述〈大校的女儿〉真情人生》，《中国青年报》2007 年 12 月 25 日。

爱情的婚姻流下了伤心的眼泪。

姜士安和翠花这桩平衡的婚姻是没有爱情的，可是他在婚姻中始终坚守着自己的责任，无论是做排长，还是后来做师长甚至走上更高的职位，他都没有抛弃翠花。

善良、勤劳、本分的翠花终其一生为姜士安和他们的家庭付出，照顾老人孩子，还要像一个男劳力一样耕作，却始终没有得到姜士安对她的爱情，所得到的只是感激与同情，甚至怜悯。最后，姜士安带领部队去参加抗洪抢险工作，他父亲在对儿子的牵挂与病痛中离开了人世。翠花为了不打扰姜士安的工作，对姜士安隐瞒了他父亲去世的消息。而姜士安却在无意中得知此事，两人在电话两端各自隐藏着心事、企图安慰对方的时候，姜士安对翠花的感情才达到了一个新的层次，他在韩琳面前真诚地评价翠花，"她是个好女人！"这句评价，是翠花用一生的隐忍换来的姜士安对她的认可，然而，这依然不是爱情。

姜士安与翠花这桩无爱的平衡婚姻，考验的是双方，尤其是事业不断上升的姜士安对婚姻责任的担当。正因为他们始终对婚姻家庭承担着自己应尽的责任，也使得这桩无爱的婚姻能够从最初的平衡维系到最后的稳固。其实，他们之间没有爱情，一定意义上来看，也是一种爱情的错位，即他们彼此的爱情没有投射到对方身上。

最后来看韩琳与姜士安之间无法进入婚姻的错位的爱情。

韩琳与姜士安相识在海岛上，韩琳对姜士安是一种战友情谊，关心而赏识，姜士安对她则是爱慕乃至痴迷，是一种混合着友情和爱情的美好情愫，但韩琳对此浑然不知。姜士安对于父亲做主给他找的媳妇翠花不无同情，却绝无感情，他心中最诚挚、最热烈、最隐秘的情感始终寄托在韩琳身上。他内心深处的情思始终追随着韩琳的世界，从她发表的第一篇作品起，就关注着她的每一篇作品和有关她的一切文字，并精心地做成一个剪报本，把自己对韩琳的感情倾注其中。韩琳像一尊女神，被他供奉在心头，这让这个不缺少成功、权力和尊严，却独缺婚姻中的爱情的姜士安感受到了精神的润泽。

让韩琳切实感受到姜士安情感的，是在她高考落榜之后。这位昔日的战友给了她最真挚的关切、理解和安慰，这让一直以来在众人面前表现得坚强、淡定、超脱，而内心又感到迷惘、彷徨、无助的韩琳，得到极大慰藉而倍感温暖。在姜士安面前，韩琳卸下了在人前的种种伪装，尽情展示了一个女性的柔弱、孤独与无助。姜士安的理解和鼓励，给了她继续拼搏进取的动力，两颗心感受到了彼此的跳动。

然而，在韩琳与姜士安的纯粹的爱情中，横着的是姜士安与翠花之间没有爱情、只有责任的婚姻。这注定了韩琳与姜士安的爱情是无法进入婚姻的，这种爱情是一种错位的感情。电视剧中有一幕很形象地表明了他们之间的纠结。姜士安与妻子翠花因为闹矛盾分房而睡，一次在梦中梦到了自己与韩琳举行婚礼，当他正沉浸在幸福之中时，却突然看不见了韩琳，他挣扎着、呼喊着韩琳的名字醒来了，睁开眼看到的是站在床边的现实中的翠花。

韩琳与姜士安，从 20 世纪 70 年代初的入伍，到 1998 年的抗洪抢险，经历了近 25 年的情感历程。他们之间含蓄、内蕴、明净的感情，是王海鸰着墨最多的，这段刻骨铭心的感情并没有因为爱情的名义而不顾一切，而是发乎情止乎礼义，止乎责任。道德亲情始终被他们置于彼此的爱情之上。无论是韩琳还是姜士安，都没有在爱情的旋涡中迷失自己。自始至终，两人的言行举止从未有超出传统道德规定的"越轨"举动，表现出合乎中国人传统审美习惯的道德规范，显示出了东方式的含蓄和内敛。尽管姜士安曾在梦中的婚礼中呼唤着韩琳的名字醒来，但在两人现实交往的过程中，他始终没有超出战友、朋友之间的亲昵举动。对于韩琳与姜士安之间的这种爱情，可以借用王海鸰的说法，"婚姻不是爱情的唯一形式，爱情也不是婚姻的唯一内容"。①

如同王海鸰的其他作品一样，《大校的女儿》描绘了女性的情感状态和诉求，诉说了女性面临爱情和婚姻时的困惑这一古老的话题。然而，相比于王海鸰以往的作品，这部作品在题材的拓展上以及时空的架构上有了很大的突破——在"军旅"题材的外衣下讲述了一个女人艰难而有尊严的成长过程，以及一段跨越20多年的委婉爱情。同样，在人物塑造上，《大校的女儿》中的女主人公已不再是将婚姻视若生命而终被婚姻抛弃的"弃妇/怨妇"，也不是徘徊在婚姻与爱情的两难境遇中难以平衡的"小女人"，而是一个崭新的女性形象，少了纠缠不清的婚姻生活，多了个人成长过程中的艰难与喜悦。王海鸰为观众塑造的是一位和中年男人共同构成社会中坚力量，并具有独特的知性魅力的女性形象。

就整部作品而言，它带给观众的是一丝无法抒怀的哀愁与带有遗憾的唯美，这不仅来自当事人性格局限造成的人生幸福的缺失，还在于它触及了一个沉重的传统伦理的命题：个人的爱情追求与婚姻中的道德责任之间的矛盾。于是，观众看到的，或者是爱情失衡的平衡的婚姻，如韩琳与彭湛、姜士安与翠花，或者是无法进入婚姻

①　白郁虹：《王海鸰：谁说我不会写爱》，《人民日报》（海外版）2007年12月17日。

的爱情错位，如韩琳与姜士安。所幸的是，编剧王海鸰总是会在残酷与绝望之后，留给观众一些希望。剧作最后，韩琳以一种自信的姿态出现在屏幕上，让观众看到了一个单身女人的坚强与幸福。这也为故事结尾，韩琳与姜士安无法进入婚姻的遗憾，稍微增加了一些亮色。

四　结语：爱情与婚姻的困境

王海鸰的作品可以说是反映中国新时期婚姻爱情的一面镜子，真实地折射出了现实的状况。她对中国当代婚姻爱情的思考与呈现，以及这种呈现所引起的反响和震动，已然成为一种我们不得不去思考的文化现象。

《新结婚时代》中，因为门户的不同，小西与建国的结合成为一桩错位的婚姻，然而，他们各自相对独立的个性存在，使得居于爱情天平两端的男性与女性趋于平衡。可以说，错位的婚姻是因为有了平衡的爱情而能够维系并持久。简佳与小航、小西父亲与小夏，他们也在婚姻的错位中不断地寻求着爱情天平的平衡。这是新时期婚姻爱情中的一种现实状况。

再看《大校的女儿》，姜士安与翠花之间没有爱情的婚姻，或曰另一种形式的错位爱情的婚姻，因为双方对于婚姻家庭的责任感而弥补了爱情缺失的遗憾，责任维系了婚姻的平衡。新精神分析学家弗罗姆（Erich Fromm，1900－1980）在对爱的研究中，把爱解释为一种意志行为，"是一种把我的生命同对方另一个人的生命维系在一起的决策行为……爱某人不仅仅是为一种强烈的情感——它是一种决策，一种鉴赏力，一种语言"。① 他强调爱是意志成分，

---

① 〔美〕弗罗姆：《爱的艺术》，康革尔译，华夏出版社，1987，第49页。

是想说明爱不全是自然情感的反映，它包含着强烈的责任，是人之所以为人的本质。这种依靠责任来维系的无爱的婚姻，也是婚姻中的一种现实。而韩琳与姜士安对自己和对方家庭的责任，以及他们在事业上的成功，注定了他们之间这种错位的爱情无法进入婚姻。这种错位的爱情不是错误的，是人的情感的真实状态。正如黑格尔所说，"爱情里确实有一种高尚的品质，因为它不只停留在性欲上，而是显示出一种本身丰富的高尚优美的心灵，要求以生动活泼、勇敢和牺牲的精神和另一个人达到统一"。① 这里，黑格尔强调的是双方在精神上的统一，这可谓爱情的至高境界。而韩琳在婚姻爱情问题上的观点，显示了中国妇女的传统美德与现代女性坚强独立的品格，她的爱更加无私，绝不可能建立在另一个女人的痛苦之上，她与姜士安也绝不可能跨越战友之情的防线，所以这种爱情才显得弥足珍贵。这种纯粹的爱情也是一种现实的社会存在。

综观《新结婚时代》与《大校的女儿》这两部现实主义题材的作品，我们看到的是婚姻与爱情的多元化存在，错位婚姻中的平衡的爱情、平衡的无爱的婚姻、没有婚姻的真实爱情等等，不一而足。两部作品都是以大团圆的结局收尾。究竟孰是孰非，王海鸰没有给出定论，也无法给出一种固定的模式。因为对于爱情与婚姻的关系这一古老的困惑，人们始终无法得出一个终极而完满的答案。

---

① 〔德〕黑格尔：《美学》（第二卷），朱光潜译，商务印书馆，1979，第332页。

第九章
另类女性与小沈阳：
现代女性的拓展

第一节　出场：另类女性的狂欢

2005 年，清华大学、北京大学的校园 bbs 上出了一位不拘一格的"才女 + 美女"——"芙蓉姐姐"。每天都会有无数学子守候在 bbs 上，焦急地等待着这位网络红人的最新信息。她以自己别样的文字和独特的自拍照片，来大肆宣扬自己魔鬼的身材和天使的容貌，以此来吸引无数学子热切的关注。而众多学子也纷纷在 bbs 上兴奋地说，自己见到了真正的芙蓉姐姐，与芙蓉姐姐擦肩而过，等等，激动的程度丝毫不亚于见到自己最崇拜的偶像。芙蓉姐姐之名很快就传遍整个清华、北大校园，随后，她的影响迅速蔓延到全国各大高校 bbs 和很多门户网站的论坛上，人气直线飙升，"芙蓉姐姐"很快成为各大媒体争相追逐的对象。甚至央视、《三联生活周刊》等一些主流媒体也在这股热潮中，开始关注这位另类女性。

在网络无界限的空间里，芙蓉姐姐以她执着的"网络秀"引发了轰轰烈烈的网络狂潮。据说，几乎每天都有至少 5000 人在论坛上等待芙蓉姐姐的新图片出现，而她的个人博客在很短的时间内便超过了 10 万次的点击率。随着国内一家知名平面媒体对其的专访，芙蓉姐姐的人气迅速从网上蹿向网下，正应了芙蓉姐姐形容自己的一句话："想不出名都很难!"

2009 年 12 月 19 日在北京大学百年纪念大讲堂召开 "2009 年中国互联网经济领袖论坛"，个人网站类（5 家）领奖嘉宾有徐静蕾、王石、郑渊、茅侃侃、芙蓉姐姐等，芙蓉姐姐位列其中。网络红人芙蓉姐姐获得 "2009 年中国互联网经济领袖论坛" 个人网站奖项。这是她首次获得互联网个人奖项。她一身红裙出席论坛，并发表主题演讲，感谢网络这个 "学习、交流和传递信息的绝佳平台"。她说，这应该是她的第一个大奖，"终于得到大家的认可"。当然了，她也没有忘记展示自己标志性的 S 形身材，并声称自己是中国最性感 "风骚" 的女人。

2010 年 4 月，芙蓉姐姐参演的中国首部精神病题材电影《A 面 B 面》上映。现实中颇为癫狂的芙蓉姐姐扮演的是片中唯一的正常人，对于要求芙蓉姐姐出演剧中人物，导演宁瀛解释道："这是一部涵盖社会众生相的电影，大家可以在影片中看到各式各样的人，而芙蓉就是不可或缺的一种类型。"① 导演的这一解释，其实也反映出，芙蓉姐姐的存在是不可否认的，她在当今社会也是具有一定的现实意义的。

相对于芙蓉姐姐多年的火爆，小沈阳是在 2009 年春节晚会小品《不差钱》中扮演苏格兰情调饭店服务员后，才正式为大

---

① http://ent.qq.com/a/20100304/000079.htm.

众所熟知，小沈阳以自己独特的形象，正式站在了全国人民面前，他穿着苏格兰格子裤的一条裤腿，"温婉"地出场，并且明确声称，"你叫谁姑娘呢……人家可是纯爷们儿！"成功演绎了不男不女的形象。这次春晚之后，他着实火爆了起来。随后，他又在电影《三枪拍案惊奇》中出演了店伙计李四的角色，电影中他延续了自己惯有的风格。粉红小褂红裤子，粉红帽子红肚兜，说话的姿态依然是小沈阳招牌式的抿嘴和扭捏，而对他一片痴情的老板娘在对他的娘娘腔极度伤心之后，发出了"你就是个娘们"的吼叫，这可以看作大众对小沈阳的一种判断和定位。小沈阳在电影中的表演进一步巩固了他在公众中的"女性"形象。

芙蓉姐姐和小沈阳绝非天赋异禀，但不可否认，两人都获得了超高的人气。芙蓉姐姐和小沈阳有个共同的特征，即都是以非常态的女性形象出场。芙蓉姐姐是个自恋到自大狂的女性形象，而小沈阳则是男扮女装、扭扭捏捏的女性形象，可以说都是另类的女性形象。值得深思的是，她们的出现并非偶然现象，在她们之前"木子美"、"流氓燕"等就开了先河，之后"凤姐"、"贤淑哥"，直至后来的"超男"、"伪娘"刘著等，仍在不断掀起浪潮，且似乎没有终止的迹象。而最近几年经常出现在春晚小品中、由林永健男扮女装的满嘴唾沫却感觉良好的马大姐形象，更是引起了所有人的兴趣。这些人一经出现便引起了热议，作为群体足以成为"现象"，而且是狂欢化的大众文化现象。那么，如何理解这种现象？潜藏在现象背后的深层原因是什么？本章特选最具代表性的芙蓉姐姐和小沈阳做深入的探讨。

第二节 丑化：另类女性的假面

芙蓉姐姐与小沈阳引发大众注意的方式主要有两点，一是以女性形象出现，二是以丑化了的女性形象示人。芙蓉姐姐是以女性来表现丑化的女性，而小沈阳则是以男性的视角来表现丑化的女性。她/他们都是用另类的形式来表现女性，或者表现为女性化的外形。不同性别主体对同一性别对象的表现，更能见出两性的差异。女性作为他者，从自身的角度来设计并观看女性，同时，男性从其自身的视角来扮演并观照女性。在这样的观照中女性始终处于从属的地位。男女之间则形成了看与被看的关系。女性形象的出现正好提供了被看的对象，满足了男性观看乃至窥视的欲望。

虽说男女平等观念如今已经深入人心，但仍无法根本改变集体无意识深处男女二元对立、男性处于优势的心理积淀，何况现代社会政治、经济、文化等方方面面的发展仍在有力地支撑着男性的主导地位。但在男女性别二元对立中处于优势一方的男性往往并不想看到比他优秀的女性，那样会对他的优越感造成巨大的打击。男性性别优势的集体无意识决定了，男性可以容忍其他男性比他优秀，却无法容忍女性比他优秀。与此同时，常态的女性也无法引起男性的兴趣，这不仅是因为没有新鲜感，还因为体现不了优越感。男性需要的是丑化的女性。值得注意的是，男权中心思想不仅天然地体现了男性的优势地位，长期以来也建构了女性的性别意识，这主要体现在两个方面：一是对男性主导地位的默认，二是习惯于从男性的视角观看。就后者而言，女性更喜欢观看被丑化了的女性形象，因为她们更需要优越感。于是，男性和女性形成了共同的大众观看心理，这正是当下另类女性形象得以不断出现并获得极大关注的根本原因。而那些想获得关注的男男女女就不得不迎合这种大众心理，戴着丑化的假面出场。芙蓉姐姐和小沈阳无疑是这些人中的典型。

芙蓉姐姐凭着"那幅火爆得让男人流鼻血的身体"，带着"个性"与"内秀"兼修的特征，出现在了大众面前。芙蓉姐姐自言，"我的身体本来就是个很大的'S'形"，"我身体和皮肤都很光洁，我皮肤很嫩"等。现代社会对女性美的形容词都被"芙蓉姐姐"用在了自己身上。她其实是在有意识地把自己包装成为男权文化的"玩物"。她用几乎自恋到了疯狂的文字，在各个论坛上发布有她照片和文字的帖子，而这种帖子总会是这个论坛点击率最高、回复人数最多、讨论最为热烈、人气最旺的"四最"帖子。

网络上，很多网民对芙蓉姐姐的描述充满讽刺意味。他们形容芙蓉姐姐，以令人生畏的激情发表了大量与玉照交相辉映的抒情文字。芙蓉姐姐的玉照本着大无畏的 LOFI 精神，不施粉黛、不布光影、不挑背景、不饰华服、不择手段，重在以清水出芙蓉的自然感展示容貌和身材，这些照片令人喷饭。芙蓉姐姐的文字深谙"举美不避己"的"大道"，经常用迷醉得接近梦呓的语言描述自己的容貌和身体，并经常把这些奇险的描述和主流的励志话语结合在一起。芙蓉姐姐日复一日地以为学子们进行"美"的奉献的诚意，展示着她带着浓郁的乡土气息的周星驰影片配角形象。

的确，按照传统的审美标准，她的照片、她的舞姿、她的言谈，与她对自己极为自信的评价，是极不相称的。正是这种巨大的反差，产生出了一种异乎寻常的轰动效应。按照现代女性主义的观点，芙蓉姐姐所积极宣扬的"S"形身材和风情万种的表现，只是对女性美的外在的肤浅认识，其实是把女性美"妖魔化"了。18世纪英国女性主义者玛丽·沃斯通克拉夫特早就指出，"女性愚蠢和恶行的主要根源，是产生于她们的一直是对于美——容貌美的色情崇拜"。芙蓉姐姐虽对自己的"容貌美"充满崇拜，并竭力突出其色情的成分，但她显然并不愚蠢，因为她只有这样才能获得观众的"看视"。

再来看小沈阳。小沈阳可以说是利用"易装术"来全方位地包装自己。就外在服饰装扮而言，小沈阳经常是身穿花衣裤或者黑西服搭配红领结，红色碎花小褂搭配大红花裤衩，蝴蝶结式的发卡戴在三七分的油头上，肩挎粉嫩的女式背包，浓妆艳抹。这些都是小沈阳招牌式的装束，他把自己极其夸张地表现得比女性还要女性化。他说话的腔调是造作的娘娘腔，柔声细语地说着女性化的语言，最为经典的是他拖着尾音，娇嗔地说出的那句话，"你说这是为什么呢……"而且他还以撒娇装嫩之能事，表现着夸张的不阴不阳的肢体语言，扭扭捏捏，抿着嘴，翘着兰花指，蹦蹦跶跶地在舞台上展示其"丑化"的面具。每当这个时候，小沈阳总是会自嘲地说，"观众朋友们呐，他们都说我长的吧，像变态！"在性别二元中，男性的变态就是把自己变为女性，或者成为"中性"的形象。

其实，舞台上的芙蓉姐姐和小沈阳都戴了另类女性的假面具。生活中的芙蓉姐姐原本是个一心考研的学子，姿色中等，言谈举止在当下数十万考研大军中也无特异之处，而小沈阳也的确是个"纯爷们"。但为了获得观众的注意，她（他）们戴上了假面具，把"真实"的主体藏起来，歪曲和隐藏了身份认同。也就是说，假面具掩盖了人的真相，她/他故意玩弄表面的东西，利用夸张的造型，将自己乔装改扮成异乎寻常的形象。芙蓉姐姐是充分利用了女性自身所特有的表现欲来引得大众关注，无论男性或是女性观者，都对她有窥视的意味；小沈阳则利用了男扮女装的方式，通过装扮为女性，表现出了对女性的丑化，以此达到玩味的目的。她（他）们迎合了大众的看视心理，也达到了她（他）们自己的目的。大众不自觉地去关注她们，在嘲讽和谩骂中满足自身的优越感。这正是另类女性形象所要达到的效果。然而，这种以牺牲女性平等身份为前提的表演，无论是表演者还是观看者，无论是男性还是女性，从女性主义角度而言，都是值得深刻反思的。

第三节 颠覆：另类女性的真容

当然，另类女性形象的大量出现，也并不全然是消极的，在某种程度上也体现了女性以牺牲自己的"人格"来反抗传统男权观念对女性的种种规约，并试图颠覆男性的主导地位。

这里讨论的"颠覆"，可以从两个角度来理解。其一，抛弃父权的面具，用丑化的假面具来抵制父权规定的"女性特征"，为女性提供不同的身份，从而使"真正的"女性个体脱颖而出。其二，对具有社会性别特征的所谓"真正的"自我提出质问，因为她们除了假面具之外，似乎依然是一无所有的。她们在公众面前的表演，以及被媒体披露的各种材料，实际上都是更多的自我建构，即她们所佯装披露的，都不过是更多的假面具而已。她们这样的做法，其实是在建构内在自我与外在自我的分裂。

　　社会对女性的规约是有着根深蒂固的观念来源的。封建社会时期，中国的女性受着男尊女卑、三从四德等道德规范的束缚，没有稳定的经济基础，政治地位低下，处处受到男性的压制和歧视，她们的幸福必然要建立在社会安定和家庭美满的基础上；男性拥有坚实的经济基础和社会身份认同感，建立了符合男性价值观的社会法则。因此，女性无法与男性形成平等的两性关系，女性必须用男性所建立的父权制社会的价值体系、鉴赏法则来审视自己的行为，也要迎合他们的价值取向。近代以来，随着妇女解放和男女平等的思想的影响，女性的社会地位发生了改变，不再单纯是男性和家庭的附庸，而是具有独立人格和价值意义的群体，但男权文化作为根深蒂固的主流文化，并没有退出人们的观念体系，它依然存在于社会生活的各个角落，女性仍然是男性视野观照下的对象化客体。归根结底，男权文化始终在控制着社会的文化价值取向。因此，芙蓉姐姐与小沈阳所表现出来的另类女性形象就有了颠覆男权中心的意义，即不是把自己表现为"美"的形式，而是表现为"丑"的形式，以此向男性对女性的窥视做出挑战。

　　当芙蓉姐姐以"美女"的形式很另类地出现在大众面前时，她勇敢地颠覆了很多人心中默认的对女性的审美与道德规则。她抛弃了传统所约定俗成的美的概念，追求一种具有恐吓性的外表，这种行为打破了男权社会强加于女性的诸如窈窕淑女、举止得体等观念，由此表现了一种不随大流、特立独行的态度。她的做法并不是要"逃避"女性特征，而是要对传统规约下的女性特征提出挑战与质问。当然，这其中，芙蓉姐姐体现出了很强的性别意识，她用另类的方式对女性不平等地位和命运做出了一种文化表现，她也由此建构起一个自主的、独立的、积极向上的女性主体。芙蓉姐姐对自己的评价是："我的人生并不完美，但我的人格绝对完整。自尊自信自强自立是我一贯的个性，谦虚谨慎坚韧不屈是我崇尚的美德。"[①]"自尊自信自强自立"正是近代以来女性所要达到的目标，虽说芙蓉姐姐以惯有的"不要脸"的方式说出来，多少有些讽刺的味道，但是这之中不也透露出女性追求独立的艰难和辛酸么？而这多少也是对男权中心的控诉和反抗。

小沈阳的颠覆是通过性别角色的反串。男扮女装，混淆了他本身的社会性别身份，造就出一个浑身女人味儿的"纯爷们儿"。在小沈阳的表演中，他放弃男性身份，去涂脂抹粉地扮演女人，这就让人自然联想到中国文化中对娘娘腔的态度。鲁迅曾对梅兰芳的表演艺术做出这样的评价："我们中国的最伟大最永久，而且最普遍的'艺术'是男人扮女人。这艺术的可贵，是在于两面光，或谓之'中庸'！男人看见'扮女人'，女人看见'男人扮'，表面上是中性，骨子里当然还是男的。"[②]这种表演形式是让男性利用女性特征来同时达到吸引男性和女性关注的目的，而表演所展示的则是一个带着十足的女性面具的男性。小沈阳通过不断模仿夸张的性别象征，来加强对占优势的社会性别范畴的颠覆。事实上，一方面，男性需要通过女性形象来获得关注，这本就是对男权文化的讽刺；而从另一方面来讲，又是对女性身份的认可。

芙蓉姐姐与小沈阳在大众面前，用服装和行为来"抵制"传

---

① 芙蓉姐姐发在水木清华 bbs 上的《寻找创作的灵感，寻找跳舞的激情，寻找一生一世的幸福（征男友）》一文。

② 鲁迅：《伪自由书·最艺术的国家》，载《鲁迅杂文全集》，河南人民出版社，1994，第542页。

统的女性特征。用"人工修饰"的外貌来拒绝接受别人加在女性身上的各种标签。她/他接二连三地使用假面具，一是通过这种技巧，来解构现有的社会性别符号体系，以达到一种戏剧性的效果；二是利用假面具的欺骗性，制造出父权的模式与幻象。其实，她/他达到的效果就是，拒绝了被动的父权制度下的女性形象，揭露这种形象，代之以独立自主的、独特的形象。正如朱迪斯·巴特勒所说，身份特征的表演，是通过外表和姿态来构成自我，这种表演，从根本上讲，是与固定的个人与社会身份特征的观念不相符合的。然而，这种表演却构成了其内在的身份特征。①

芙蓉姐姐与小沈阳用外在的表现与表白来将自己层层包装起来，然后向可接受的性的极限步步推进，对父权社会里，男性对女性的要求和规范做出了夸张的回应与表现。比如，芙蓉姐姐要表现自己"性感"的身材，小沈阳要表现女性的媚态。她/他用种种离奇的表现，真实地打破了性别二元对立的准则和界限。这就是说，她/他是在利用两性的差异与特征来丑化自己，以达到颠覆之实。她/他把大众的注意力吸引到了表现特征的符号上，例如"S"形的造型、夸张的语言、油头粉面、花衣裤，用这些符号代替了实际的个体，从而使内在的自我的真容掩藏于外在表现的自我的假面具之下。这里使用的是深层/表面二元论的理论。据此，表面就意味着空白，是一个否定的面具，下面什么也没有。而深层则蕴含了表面所要隐藏的意义，是有其具体的思想意识目的的，那就是向无意识的社会性别模式挑战。

---

① 参见 Judith Butler, "Performative Acts and Gender Constitution: An Essay in Phenomenology and Feminist Theory", *Theater Journal* 40 (December 1988): 519 – 531。

第四节　反思：反抗的局限性

另类女性形象是当下大众文化的一个重要的"象征形式"，是由大众按照男权文化的要求创造出来的，但又反讽地具备了颠覆男权文化的力量。美国当代学者菲斯克（John Fiske, 1939 - ）说："大众文化是由居于从属地位的人们为了从那些资源中获取自己的利益而创造出来的……大众文化始终是一种关于冲突的文化，它总是关涉到生产社会意义的斗争，这些意义是有利于从属者的。"[1]另类女性的形象无疑是出于某种利益才被创造出来的，就芙蓉姐姐和小沈阳个人而言，她/他绝不是什么女性主义者，也很难想象她/他只是为了女性的独立平等而把自己表现为另类女性的样子。他们"糟蹋"自己主要还是为了获取利益，而他们也的确获得了不菲的利益。但是，由于大众文化"冲突"的本质，这些大众文化的象征形式毕竟是"有利于从属者的"。另类女性形象的从属者当然是女性，它对女性有利的一面就是对男权文化形成了有力的反讽，并试图颠覆男权文化。

当然，这种"意义"的生成主要还是源自作为大众文化象征形式本身的另类女性形象，跟芙蓉姐姐、小沈阳等表演者并无多大关系。因此，我们也可以说这种反抗性还只是一种自发的状态，还远未达到自觉的高度。就此而言，这种反抗和颠覆的力量是极其有限的。近来，尽管另类女性形象仍在不断涌现，但芙蓉姐姐已在尝试着走淑女路线了，其在《A 面 B 面》中扮演唯一一个精神正常

---

① 〔英〕约翰·菲斯克：《解读大众文化》，杨全强译，南京大学出版社，2001，第 2 页。

的人可谓意味深长，而小沈阳在随后的春晚也以非常阳光的男性青年形象出现。另类女性形象的"意义"只会产生于大众的关注，而"审丑疲劳"则是早晚的事，因此另类女性形象的失效是必然的。木子美、流氓燕等先行者已无人问津，曾经红得发紫的伪娘刘著的形象已成为过去式。另类女性形象也许会长期流行，但长远来看其对男权文化的反抗很难获得成功，因为它毕竟是非常态的方式，这反抗方式本身就包含着对男性优势地位的肯定。

第十章
伪娘：大众传媒中的"女性"

大众传媒的发展，也在无形中影响了传统的文学空间，使文学空间呈现了两个层面。首先，大众传播作用于文学的一个直接结果是，原有的文学体制出现了新的变化，这一变化便构成了20世纪90年代文学空间的第一个层面。其次，大众传播为文学活动提供的空间载体——文学期刊、图书出版、新闻传播、影视、互联网等，这被视为文学空间的第二个层面，它不仅成为当代文学活动的具体场所和空间载体，而且是第一个层面——文学体制层面的具体表现和全面渗透。在这样的社会中，女性的存在有了不同的空间。

第一节　现象："伪娘"的盛装登场

美国有线电视新闻网在对2010年"快乐男声"的报道中有这样一段文字，"在湖南电视台的男生演唱选秀节目'快乐男声'舞台上，刘著穿着裙子、留着长长的卷发，并且化了妆，看起来像个恬美的大学女生。然而，他（对，是他）并没有走错竞技场，因

为他就是个男孩"。① 这篇文章里所描述的刘著就是中国最著名的
"伪娘"。随着刘著的一夜成名,"伪娘"一词开始为中国大众所
熟知。

"伪娘"源于日本动漫,指的是具有女性美貌的正常男性角
色,变装后有和女性一样的美色,并且常常带有一种可爱、让人喜
欢的美少女的感觉,更有甚者可能胜过一般的女性角色。借鉴酷儿
理论与朱迪斯·巴特勒(Judith Butler, 1956 –)的"表演"理论,
我们可以说,伪娘是混淆了自身性别的一类人群,他们的性别身份
无法按照通常的生理性别与社会性别来界定,唯有身体表演出的性
别身份才是明确的,即通常表演的是男性的性别身份,变装后表演
的是女性的性别身份。

伪娘刘著的出现,引起了大众的关注,一时成为文化讨论的热
点话题。支持者认为,他不惧怕被看作异类,是真男子汉。反对者
则认为,以传统标准来衡量,刘著的行为不正常,违背了传统男性
的尊严,有悖于道德和价值观念。也有人担心并感到悲哀,认为,
刘著在年轻人中受到反常的欢迎,那么,我们的社会秩序和几千年
的文化传统就将面临被毁的命运。

其实,就性别混淆的现象而言,在中国的大众文化中这并不是
第一次出现。2004 年"超级女声"冠军李宇春,因其中性化的装
扮,自出道以来便被冠以"春哥"的名号;2009 年,最具争议的
"快乐女声"曾轶可也被称为"曾哥"。这些男性化的女性出现之
后,在社会上造成了很大的影响,一时间,中性化的装扮成为时

---

① Xing Zhao, "Cross-dressing 'Super Boy' Stirs up Gender Debate", see http://
www.cnngo.com/shanghai/none/super – boy – makes – headlines – its – crossdressing –
contestant – 739169.

尚。2010 年"快乐男声"选秀活动中，男性则勇敢承担起了混淆性别的使命，大量"伪娘"集体亮相，成为这次"快乐男声"的新看点，童童、夏登豪、尚晨等一个比一个搞怪和女性气息十足。这一次，大众的目光转移到了男性身上。我们来回顾一下最典型的代表刘著的登场。刘著，男，"90 后"生人，四川音乐学院作曲系 2009 级学生，在男性选秀舞台——"快乐男声"的赛场，他化着妆，留着长长的卷发，花裙子，蓝色打底裤，高跟鞋，以一个十足女性的装扮亮相南充分赛区的比赛现场，最终入围成都唱区 50 强。在他比赛时，连评委都当面怀疑："是我看错了，还是你参加错了节目?"并多次打断他，"你到底是男生还是女生?"甚至提出要"验明正身"。随后，被称作"著姐"的刘著成了"明星"，迅速成为各大网络搜索引擎的"热搜词"之一。

于是，有人从近年来的选秀节目中，提出了"易性竞争"的概念，意指从被称为春哥的李宇春开始，到后来被称为曾哥的曾轶可，她们身上那种明显的女性男性化倾向，再到现在被称为著姐的刘著等的男性女性化倾向，这是一种性别变换的模式。正如那句曾经的网络流行语所说，"生活就像女子选秀，走到最后的都是纯爷们"，当年，春哥、曾哥的胜利标志着进入了"哥"时代。而现在，套用这句话，我们可以这样说："生活就像男子选秀，走到最后的都是伪娘们"，"哥"时代过去了，"姐"时代来临了。而且，近年来不断爆出各种选秀内幕的"舞美师"，在网络上发出了"'全民性别大战'一触即发"的言论。

新生代市场监测机构 2009 年 11 月发布的《2009～2010 年中国媒介与消费趋势报告》称，在"十大消费趋势"中，"男性美丽新时尚"已经成为一种不可忽视的趋势。调查显示，男性护肤品市场和男性美容市场的逐年上升趋势非常明显，"面子"也成为男性的时尚。① 这表明，男性时尚已不限于汽车、IT 等"力量型"市场，化妆、美容等曾被视为女性时尚的消费项目，已经吸引了越来越多的男性参与，美丽也已成为男性的追求。"80 后"的青年男作家郭敬明就是一个例证，他经常出现于各种时尚娱乐节目，谈论自己的护肤美容心得。对此，同为"80 后"作家的韩寒很具讽刺意味地说，他与郭敬明二人"男女有别"。

伪娘现象的出现已是必然，男性女性化已然成为一股席卷全世界的不可阻挡的潮流。我们来"扫描"几个国家的男性状况。在英国，知名作家兼社会评论家马克·辛普森（Mark Simpson）1994年11月在《独立报》上发表了《揽镜自照的男人来了》一文，针对贝克汉姆现象，首次提出了"都市玉男"（Metro-sexual）的概念。② 这个词指的是那些走中性路线的都市男性，特别是那些大都市中新出现的时尚、敏感、阴柔的男人，他们外表细腻精致，颇具中性化倾向。在日本，2008 年的畅销书之一，日本市场营销公司总裁牛久保惠的《"食草男"正在改变日本》，掀起了一股"食草男"潮。"食草男"中的相当一部分人是成长于泡沫经济时代的"80 后"，他们性格温和，对异性和婚姻不感兴趣。他们热爱时尚，保持苗条身材，像女人一样将大把时间花在化妆品和衣服上，举止行为也非常女性化。这种女性化的男生已成为日本年轻人中的大多数。在韩国，《朝鲜日报》有文章指出，韩国越来越多的男人喜欢

---

① 肖明超：《2009～2010 年中国媒介与消费趋势报告》，见 http：//www. sinomonitor. com/DownFile/2009111011313962933. pdf。

② Mark Simpson, "Here Come the Mirror Men", see http：//marksimpson. com/pages/journalism/mirror_ men. html.

穿女性服装、化浓妆，这在各个年龄段、各种职业的人中都有，全国估计有 2 万 ~ 3 万这样的易装者。文中引用了首尔大学社会系教授裴恩京对此的解释，"一些人对将男人和女人的作用明确区分开的社会氛围感到心理压力。这些人会通过男扮女装的方式消除这种精神压力"。①

梁朝伟在为才子服饰做形象代言的广告里，提到了"男人进入美丽时代"。这句口号可以解读出更深一层的隐喻：男女从最初的性别意识分离，走到了最后的殊途同归。快乐男声舞台上争奇斗艳的女性化，与超级女声舞台上的中性风，形成了一种默契：去性别特征化。男人也可以美丽，也可以"秀色可餐"。于是，他/她们从身体上消弭了男女的界限，颠覆了传统的认识，走向无差别的身体狂欢，用身体对不同的性别身份进行表演。

第二节 缘由：性别竞争的选择

20 世纪 70 年代前，男人对于什么是"男人"有一种朴素而明确的理解：身为男人，必须独立、坚强、有勇气、敢于冒险。哈佛大学教授哈维·曼斯菲尔德（Harvey Claflin Mansfield, 1932 - ）在《男性气概》一书中对"男性气概"的定义是，在危险处境里的自信。他高度赞扬这种"男性气概"，认为，"男性气概寻求和欢迎戏剧性，它偏爱战争、冲突和冒险。当惯例无济于事、当计划最终泡汤、当试图用现代科学的成果理性地控制一切但结果漏洞百出之时，

---

① 卞熙媛：《喜欢穿裙子的男人悄悄增加》，《朝鲜日报》2007 年 11 月 5 日，见 http://chn. chosun. com/site/data/html_ dir/2007/11/05/20071105000028. html。

男性气概或者带来变化，或者恢复秩序。如果说屈从和祈祷是我们最后的办法，那么男性气概就是在它们之前倒数第二位的诉求"。①

在男权主导的社会中，拥有男性的阳刚气质是整个社会的价值导向。农业文明时代，由于人在自然面前的脆弱与渺小，所以男性的阳刚气质是非常需要的，因为只有这样一种力量才能让人们去征服自然。但是，随着人类进入现代社会，这样的价值导向却失去了本来的地位。因为人类越来越强大，大自然越来越轻易地被人类征服甚至糟蹋，阳刚气质不再是必需的，其价值无以彰显。所以，一些柔性大于刚性的男人，反而能够在这个竞争激励、呈现阳刚特质的社会里，具备独特的竞争力。于是，在这种竞争和社会环境中，为了获得期待的位置和角色，一些男性自然会选择一种适合的性别身份。因此，发生性别变换的现象成为必然。

从现实的文化状况来看。今天，绝大部分的男孩不用像父辈、祖辈的男人那样成长，不必忍受各种肉体和精神的折磨。他们无忧无虑地生活在父母的过度保护下，享受着优渥的物质条件，这些在麻痹着他们作为男性的意识，男性应具备的一些基本人格特质没有在他们身上得到鼓励和培养，而是在不断丧失。于是，曼斯菲尔德教授哀叹，曾经的男性气概在美国已经越来越少了，今天的美国人生活在一个"性别中立"的社会。在这样的社会里，"你的性别并不决定你的权利、义务或地位"②。这种状况其实是具有普遍性的，中国男孩也不例外。中国的独生子女政策，使一个男孩从小就意识到自己的重要，因为人们总是围绕着他，告诉他"你很重要"，然

① 〔美〕哈维·曼斯菲尔德：《男性气概》，刘玮译，译林出版社，2008，前言第1页。
② 〔美〕哈维·曼斯菲尔德：《男性气概》，刘玮译，译林出版社，2008，前言第1页。

而，却没有人具体引导他去依靠自己的努力来获得这种重要感，他们在获得溺爱的同时，也在心理上被忽略了。空泛的表扬并不会增加一个男孩的成就感，反而让他们困惑，让他们软弱无力，甚至对社会不满。只有亲自努力获得的成就才能带来真实的满足感，才能知道人生的意义何在、男人的责任何在。

从具体的教育方式来看。美国著名的男孩研究专家迈克尔·古里安（Michael Curian）认为，现代学校教育系统是这种全球性的男孩危机的根源——在课堂里"安静坐着，读书，写字，举手提问，认真做笔记"的教育方式，从本质上就是适合女孩的，而不适合男孩。尤其在小学里，女孩的乖巧被赞赏，男孩则被当成"有缺陷的女孩"一样被教育。美国《商业周刊》2003 年 5 月的一则封面故事题为新性别鸿沟，题目下的说明语是：从幼儿园到研究所，男孩正在成为第二性。文中这样写道，"就在一个世纪之前，哈佛大学的校长，查尔斯·W. 埃利奥特拒绝招收女性，因为他担心她们会浪费了学校的宝贵资源。今天，在美国各地，女生似乎在学习方面建立了一个罗马帝国，而男生则像日渐衰弱的古希腊一样"。① 与此相比，中国的数据也是颇为惊人的。据《中国性别平等与妇女发展状况》白皮书提供的数据，"2004 年，普通初中和高中在校女生的比例分别达到 47.4% 和 45.8%；中等职业学校在校女生的比例达到 51.5%；全国普通高等院校在校女生为 609 万人，占在校生总数的 45.7%，比 1995 年提高 10.3 个百分点；女硕士、女博士的比例分别达到 44.2% 和 31.4%，比 1995 年分别提高

---

① Michelle Conlin, "The New Gender Gap"，见 http：//www. businessweek. com/magazine/content/03_ 21/b3834001_ mz001. htm。

13.6 和 15.9 个百分点"。①

中国青少年研究中心的孙云晓在《拯救男孩》一书中发出警告：十余年来，男孩在现代教育和家长的宠溺下正变得越来越女性化。如果按照现在的教育方式，30 年后我们会失去一代男人。应当说，诸多学者的忧虑不是空穴来风。在女性越来越多地参与竞争的社会中，男性的性别身份问题确实已经成为一个文化现象。因而，"伪娘"现象的出现，将青少年人群中的性别意识与男孩危机等问题很残酷地摆在了大众面前。

对于男女社会地位的变化导致男人中性取向的增多，瑞典学者琳达·巴克特曼认为，"女性更脆弱，需要呵护，这些观念在东方各国普遍存在，一些男子希望以此来减少个人在社会上所承受的压力，即不去承担过多的责任，同时也能受到外界更多的关爱"。②而且，在过去几十年中，女性社会地位得到提升，现在，男性开始意识到，他们也需要将容貌作为一项资本来同女性竞争。因此，适度"中性化"成为现代社会两性发展趋势。于是，在面临社会的竞争，其实也意味着性别的竞争时，教育的影响以及现实的倾向，都会使男性有意或无意地选择中性的性别身份，这在一定意义上催生了"伪娘"现象的产生。

第三节　意义：伪娘的身体表演

近年来，颠覆主流审美的标准、以怪异反常吸引眼球的审丑文

---

① 《中国性别平等与妇女发展状况》，见 http://www.gov.cn/ziliao/flfg/2005 – 08/24/content_ 25813. htm。

② 纪双城、李燕、孙秀萍等：《男人"女性化"，世界看不懂》，《环球时报》2010 年 5 月 28 日。

化逐渐盛行。芙蓉姐姐的形象自残，Lady Gaga 的奇装异服，小沈阳的娘娘腔，他/她们解构了传统的美学标准，重构了一个有悖于此的审丑的世界。而以小沈阳、伪娘为代表的性别倒置则是审丑文化的一类典型，这表现出了社会上确实存在阴盛阳衰的现实。在中国，因为独生子女政策的实行，一些男孩从小就被娇生惯养，缺乏男性应有的阳刚之气，总会流露出一种阴柔的女性化气质。在这样的环境下成长起来的一些男性，有着精致的装束和嗲气的语言，却不知该如何去担当男性应尽的责任。因此，伪娘有了生长的沃土和追捧的粉丝。

在网络上流传的《伪娘白皮书》对伪娘的特质做了形象的描述。伪娘拥有介于男性（刚强）与女性（柔和）之间的性格。这种微妙的性格是伪娘最大的魅力所在。伪娘拥有温柔、感性、细致等这些女性方面的性格魅力，他也拥有坚强、勇敢、保护欲和责任感等这些男性方面的性格魅力，伪娘的柔美是雅的表现，同时这幽雅之美也是伪娘的萌点之一。[①]

对于伪娘，传统的生理性别与社会性别的区别，已经无法概括他的性别身份，他是用自己的身体来表演自己的性别，而且是变化的性别身份。"他反串女性，隐含了性别是一种假冒为真的持久扮装的意义。她/他的表演使得自然与人为、深层与表面、内在与外在的区分——这些几乎都是性别话语所一向赖以运作的——变得不稳定。"[②] 也就是说，伪娘在平时，是用男性的身体来表演自己的男性性别身份；而在变装之后，则是在男性的身体上加诸女性的装

---

① 《伪娘白皮书》，见 http：//baike. baidu. com/view/3665448. htm？ fr = ala0_ 1_ 1。
② 朱迪斯·巴特勒：《性别麻烦：女性主义与身份的颠覆》，宋素凤译，上海三联书店，2009，序（1990）第2页。

扮，以此来表演女性的性别身份。这就让人自然联想到中国文化中对娘娘腔的独特态度。鲁迅曾对梅兰芳的表演艺术做出这样的批评："我们中国的最伟大最永久，而且最普遍的'艺术'是男人扮女人。这艺术的可贵，是在于两面光，或谓之'中庸'！男人看见'扮女人'，女人看见'男人扮'，表面上是中性，骨子里当然还是男的。"[1] 这种表演形式是让男性利用女性特征来同时达到吸引男性和女性关注的目的，而表演所展示出的则是一个戴着十足的女性面具的男性。伪娘正是通过不断地模仿夸张的性别象征，来引导大众对性别身份的建构。身份特征的表演，是通过外表和姿态来构成自我，这种表演，从根本上讲，是与固定的个人与社会身份特征的观念不相符合的。然而，这种表演却构成了其内在的身份特征。[2]

不得不承认，生理性别与社会性别的规范化的区分，在文化多元的 21 世纪，是难以对伪娘的身体表演出的性别身份做出准确判断的。伪娘是一种有悖于传统观念的另类，但他又展现了人类共同的爱美的天性。爱美爱打扮不仅是女人的嗜好，这也是男人的天性，男人爱自己的阳刚之美，同样，他也可以有点像女人一样的阴柔之美，伪娘不过是喜欢自己像女人一样漂亮的男人而已。伪娘作为男性，通过体验、模仿、装扮，获得一种"附体"的效应，以此进入女性心灵，了解女性感受，这体现了男权社会对女性的审视与揣摩。"伪娘热"自然有它存在的基础。

因此，有人对伪娘现象做出了这样的评判，认为"'伪娘热'

---

① 鲁迅：《伪自由书·最艺术的国家》，载《鲁迅杂文全集》，河南人民出版社，1994，第542 页。

② See: Judith Butler, "Performative Acts and Gender Constitution: An Essay in Phenomenology and Feminist Theory", *Theater Journal* 40 (December 1988): 519 – 531.

至少是无害的，从某种意义上看，它能化解男权社会中的男女隔阂，增加彼此的沟通，有利于达成两性之间的和谐"。通过"伪娘文化"，女性对男性行为的方式、姿态以及心理状态，也会有更多的了解。①

中国社会科学院研究员李银河说："在这个多元文化的社会，也许会接受'男性女孩'的存在，经过刘著的风波，社会将加速对'伪娘'的认同"。她也提出，对"伪娘"现象的出现应该更加宽容，人的个性丰富多彩，用不着千人一面。这是向传统性别规范的挑战。②

第四节　结语

伪娘现象的火热，本质上更像是一场狂欢，狂欢具有一个鲜明的特点，就是来得快去得也快，像一场熊熊燃烧的烈火，之后便会灰烬。人们对此的关注，很大程度上仅仅是出于新奇，而这种现象一旦泛滥了便会产生审美或者审丑的疲劳，那时狂欢也便烟消云散了。

---

① 《"伪娘"红不过芙蓉姐姐》，《北京晨报》2010 年 5 月 12 日。
② 李强：《"伪娘"：被集体围观的小众》，《南方日报》2010 年 6 月 4 日。

参考文献

中文文献：

1. 〔法〕居伊·德波：《景观社会》，南京大学出版社，2006。

2. 包亚明主编《现代性与空间的生产》，上海教育出版社，2003。

3. 〔法〕莫里斯·布朗肖：《文学空间》，商务印书馆，2005。

4. 〔美〕爱德华·索亚：《第三空间：去往洛杉矶和其他真实和想象地方的旅程》，上海教育出版社，2005。

5. 〔美〕理查德·利罕：《文学中的城市：知识与文化的历史》，上海人民出版社，2009。

6. 〔法〕亨利·勒菲弗：《空间与政治》，上海人民出版社，2008。

7. 〔英〕约翰·菲斯克：《解读大众文化》，南京大学出版社，2001。

8. 张京媛主编《当代女性主义文学批评》，北京大学出版社，1992。

9. 马元曦、康宏锦主编《西方女性主义文学文化译文集》，广西师范大学出版社，2008。

10. 刘思谦等：《性别研究：理论背景与文学文化阐释》，南开大学出版社，2010。

11. 陈志红：《反抗与困境：女性主义文学批评在中国》，中国美术学院出版社，2002。

12. 王之望主编《天津作家论》，天津社会科学院出版社，2002。

13. 房良钧、王之望主编《回眸与前瞻——天津文学面面观》，天津社会科学院出版社，2001。

14. 弗吉尼亚·伍尔芙：《伍尔芙随笔全集》，张学军等译，中国社会科学出版社，2001。

15. 佳亚特里·斯皮瓦克：《从解构到全球化批判：斯皮瓦克读本》，北京大学出版社，2007。

16. 顾彬：《二十世纪中国文学史》，范劲、胡春春、吴勇立等译，华东师范大学出版社，2008。

17. 朱迪斯·巴特勒：《性别麻烦：女性主义与身份的颠覆》，上海三联书店，2009。

18. 包亚明：《消费文化与城市空间的生产》，《学术月刊》2006年第5期。

19. 刘进：《20世纪中后期以来的西方空间理论与文学观念》，《文艺理论研究》2007年第6期。

20. 陆扬：《空间理论和文学空间》，《外国文学研究》2004年第4期。

21. 陆扬：《析索亚"第三空间"理论》，《天津社会科学》2005年第2期。

22. 盛英主编《二十世纪中国女性文学史》，天津人民出版社，1995。

23. 盛英：《中国新时期女作家论》，百花文艺出版社，1992。

24. 盛英：《中国女性文学新探》，中国文联出版社，1999。

25. 乔以钢：《低吟高唱——20 世纪中国女性文学论》，南开大学出版社，1998。

26. 乔以钢编著《中国现代文学文化现象与性别》，南开大学出版社，2012。

外文文献：

1. Henri Lefebvre, *The Production of Space*, Oxford：Blackwell, 1991.

2. Mike Crang, *Cultural Geography*, London and New York：Routledge, 1998.

3. Peter Brooker & Andrew Thacker ed., *Geographies of Modernism*：*Literatures*, *Cultures*, *Spaces.* Abingdon：Routledge, 2005.

4. Anita Brady and Tony Schirato, *Understanding Judith Butler*, SAGE, 2011.

5. Ann Brooks, *Postfeminisms*：*Feminism*, *Cultural Theory and Cultural Forms*, London：Routledge, 1997.

6. Dorothy E. McBride, Amy G. Maz, *The Politics of State Feminism* ：*Innovation in Comparative Research*, Philadelphia：Temple University Press, 2010.

7. Gill Plain & Susan Sellers ed., *A History of Feminist Literary Criticism*, N. Y.：Cambridge University Press, 2007.

8. Hilde Hein and Carolyn Korsmeyer ed., *Aesthetics in Feminist*

Perspective, Bloomington & Indianapolis: Indiana University Press, 1993.

9. Pam Morris, *Literature and Feminism: An Introduction*, Lyon: Breakwill Press, 1993.

10. Sara Heinämaa, *Toward a Phenomenology of Sexual Difference: Husserl, Merleau-Ponty, Beauvoir*, Rowman & Littlefield Publishers , 2003.

11. Sarah Gamble ed. , *The Routledge Companion to Feminism and Postfeminism*, London and New York: Routledge, 2001.

12. Shirin M. Rai ed. , *International Perspectives on Gender and Democratization*, Palgrave Macmillan, 2000.

13. Stacy Gillis, Gillian Howie, Rebecca Munford ed. , *Third Wave Feminism: A Critical Exploration*, Palgrave Macmillan, 2004.

14. Stéphanie Genz and Benjamin A. Brabon, *Postfeminism: Cultural Texts and Theories*, Edinburgh: Edinburgh University Press Ltd. , 2009.

15. Susan Watkins, *Twentieth-Century Women Novelists: Feminist Theory into Practice*, N. Y. : Palgrave, 2001.

16. Virginia Woolf, *A Room of One's Own*, Harmondsworth: Penguin, 1945.

17. Simone de Beauvoir, *The Second Sex*, ed. , and trans. H. M. Parshley, London: Picador, 1988.

18. Gayatri Chakravorty Spivak, *In Other Worlds: Essays in Cultural Politics*, London: Methuen, 1987.

19. Judith Butler, *Bodies That Matter: On the Discursive Limits of " Sex"* , Routledge, 1993.

20. Linda Martin Alcoff and Eva Feder Kittay ed. , *The Blackwell Guide to Feminist Philosophy*, Blackwell Publishing, 2007.

21. Donald E. Hall, Annamarie Jagose ed. , *The Routledge Queer Studies Reader* (*Routledge Literature Readers*) , Routledge, 2012.

后 记

对女性主义有着一种莫名的切近感。虽然，遇到有人问："你是女权主义者吧？"我也会做出这样的反应，"I'm not a feminist, but…"（"我不是女性主义者，但是……"），在这个"but"后面，隐藏了女性生命个体的抗争、屈从与无奈。

Feminist 常被译为"女权主义者"、"女性主义者"。就我个人而言，更倾向于"女性主义者"的译法。因为"女权主义者"的"权"字总是给人太过强势的感觉，虽然女性主义运动最初的目的就是争取女性的"权力"，最初译为"女权主义者"也不为过。但是，发展到今天，女性主义运动早已改变了剑拔弩张地对待男性和社会的态度，而用"女性主义者"则可以更为客观地表明女性的特质，以及与男性的差异性存在。

正是因为有了女性主义理论，所以，我在做当代文化研究和地域文学研究的时候，就会自觉或不自觉地从女性主义的视角进行分析和阐释，于是，就有了现在这本书中的内容，本书部分内容曾以论文的形式在一些刊物发表。

感谢我的父亲母亲，以及我的姐姐、哥哥和他们的家人，他们对我无条件无理由的支持和鼓励，是我这么多年来不停前进的动力；感谢我的爱人潘道正博士，他对我的包容和关心，我也一直默默地记在心里；感谢我的女儿，三年前她的降生，充实了作为女性的我能具有的全部身份：为人女，为人妻，为人母。也正是因为有了这些生命体验，再看女性主义理论的时候，就更多了些触动内心的感悟。

感谢我工作所在的天津社会科学院，给了我重点课题以及出版基金的资助，使我零散的文字能够形成书稿，又使我的书稿在被搁置多年后得以出版。感谢社会科学文献出版社和责编桂芳老师，桂芳老师的耐心、细心与敬业，一次次地打动了我。而且同为高龄母亲，我们在沟通书稿的同时，也更多了些情感上的亲近。感谢天津社会科学院科研处的同事们，尤其是刘家宁老师在出版联络方面的细致周到。感谢我所在的天津社会科学院文学研究所的朋友们，大家一起的努力总是让人难忘。

当然，这本书的出版不是标志着一个结束，女性主义是一个无尽的话题，地域文学是一个开放的领域，文化研究是一个充满了未知的空间。这些，都值得我去不断探寻！

由于作者本人学养有限，虽然始终在小心翼翼地对女性主义、地域文学、文化研究做着探索，其间的不足还是在所难免，恳请读者及方家指正。

李进超

2017 年 7 月 20 日

专家鉴定意见（一）

把性别理论与空间理论结合起来对当代中国（尤其是天津）的文化批评进行跨学科的审视，是文化批评探索中的新视角和深入拓展。

课题在简约梳理西方性别理论与空间理论的基础上，可喜地植根于长期对天津本地乃至国内近期较典型的文化现象所做的细致本质的批判，对于推动国内（尤其是天津）的文化研究有一定的理论和实践意义。

课题在资料上选择精审，利用国外访学收集大量第一手资料。对天津方面的文化现象的个案剖析、剪裁熔铸有不少闪光之处，完成了立项时提出的主要任务，可以结项。

希望进一步概述在文化批评中运用空间理论的特殊性，且结构和文字都有必要调整和精练。

童坦

南开大学哲学院教授

2013 年 12 月

专家鉴定意见（二）

20 世纪 90 年代，我国文化研究领域出现了引人瞩目的性别转向和空间转向态势。李进超的课题研究正是适应这两股思潮的、跨学科的研究成果。该著以性别理论与空间理论为研究视角，对天津有代表性的几位作家及其作品、对相关的影视作品和文化现象，进行了较为深入的性别的、空间层面的解析和阐述，别具一格，相当具有创新性。尤其是对蒋子龙、张艺谋作品的性别解析、空间阐释较为独到；而对小沈阳现象、伪娘现象的剖析，更是别开生面，为理解消费主义文化、大众文化解开了某些谜团，具有一定的现实价值。

然而，该著的缺憾也是明显的。其一，对女性主义的阐述过于繁复，而对空间理论的说明却嫌粗浅；而两者的联结和关系，则尚有进一步探讨的空间。其二，该著的结构可做适当调整，促使两种理论及其联系获得均衡的展现；而个别文字表达也可更趋平直和准确。

该著可以结项。

盛英

天津作家协会研究员

2013 年 12 月

图书在版编目（CIP）数据

性别视角下的天津文学与当代文化 / 李进超著. --
北京：社会科学文献出版社，2017.9
（天津社会科学院学者文库）
ISBN 978 - 7 - 5201 - 1241 - 3

Ⅰ.①性…　Ⅱ.①李…　Ⅲ.①地方文学史 - 文学史研
究 - 天津 ②地方文化 - 研究 - 天津 - 现代　Ⅳ.
①I209.921 ②G127.21

中国版本图书馆 CIP 数据核字（2017）第 196781 号

天津社会科学院学者文库
性别视角下的天津文学与当代文化

著　　者 / 李进超

出 版 人 / 谢寿光
项目统筹 / 邓泳红　桂　芳
责任编辑 / 桂　芳　伍勤灿

出　　版 / 社会科学文献出版社·皮书出版分社（010）59367127
　　　　　　地址：北京市北三环中路甲29号院华龙大厦　邮编：100029
　　　　　　网址：www.ssap.com.cn
发　　行 / 市场营销中心（010）59367081　59367018
印　　装 / 三河市东方印刷有限公司

规　　格 / 开　本：787mm × 1092mm　1/16
　　　　　　印　张：14　字　数：166 千字
版　　次 / 2017 年 9 月第 1 版　2017 年 9 月第 1 次印刷
书　　号 / ISBN 978 - 7 - 5201 - 1241 - 3
定　　价 / 79.00 元

本书如有印装质量问题，请与读者服务中心（010 - 59367028）联系